最新脳研究が教える

16歳からの勉強法

東京大学大学院　薬学系研究科　教授
【脳研究者／薬学博士】
池谷裕二

東進新書

目次

第3章 海馬とLTP

第4章 ファジーな脳

第5章 天才を作る記憶の仕組み

体験談

脳心理学コラム

①はじめに　新書化にあたって

本書は、二〇〇二年初版刊行の『最新脳科学が教える　高校生の勉強法』（以下、『高校生の勉強法』）を再編集し、新書化したものです。『高校生の勉強法』を出版してから約二十年が経ち、その間に脳研究が進歩して二十年前には答えられなかったことがわかり始めています。当時の内容が、じつは間違いであったと判明したことさえあります。さらに、ＡＩの台頭やネット環境の整備といった科学の進歩、それに伴って、スマートフォンやタブレットの普及、それを活かした学習方法など、高校生の勉強の取り組み方も変わってきました。また、大学入試を取り巻く環境も二十年前と大きく変わりました。

そこで今回、最新の科学的観点から内容や表現を見直しました。具体的な勉強法も、現代の社会情勢に合わせて加筆修正しました。さらに、二十年前と比べてＴＯＩＥＣテストの受験者数が大幅に増えるなど（二〇一九・二〇二〇年は新型コロナウィルスの影響で減少しましたが）、大学生や社会人の勉強熱も高まっているように感じます。ぜひ、高校生だけでなく、大人の勉強にも役立てていただきたく、『16歳からの勉強法』とタイトルを改めました。

②高校の授業についていけなくなる理由

中学生のころまでは、試験の前に一夜漬けでテストに臨む、という無謀な作戦でなんとかなっても、高校生になったころから、それまでのような丸暗記作戦では通用しなくなって、だんだん授業についていけなくなったという人が急に増えてきます。

高校生の皆さんはその原因を、高校の履修科目の内容が中学よりも難しくなることや、分量が多くなることだと考えているでしょう。また、大人の方は加齢に伴って記憶力が落ちてくるから、覚えられないのは仕方がないとあきらめていると思います。

しかし脳研究によれば、そのどちらも間違っていることがわかりました。人間の脳力は、年齢とともに低下するようにはできていません。そうではなく、16歳という年齢のころが、ちょうど脳の性質の転換期に相当していて、記憶のパターンや種類が変化するのです。

したがって、高校生以降は、年齢に合った勉強の仕方に変える必要があります。この事実に気づかずに、いつまでも中学生までと同じような勉強法にこだわり続けていると、自分の記憶力に限界を感じるようになります。そういう人に限って、「もう昔のころのようには覚えられない」と記憶力の低下を嘆き、周りの人もみんな、「私もそう。仕方がないよ」と慰め合って終わってしまうのです。

現代の脳研究によれば、小・中学生までの脳は丸暗記が得意で、意味のない文字や数字の羅列でもキュウカンチョウのように覚えてしまいます。時々、小さな子どもが円周率を何桁も覚えているのがニュースになりますよね。ところが、高校生になったあたりからは、丸暗記よりも論理だった記憶能力が発達してきます。つまり、ものごとをしっかり理解して、その理屈を覚えるという能力です。

ですから、高校生以上の皆さんは、自分の勉強方法をこれに沿った方針に変えていかなければなりません。もし、この努力を怠ると、もはや効率的な学習はできません。高校生なら授業についていけなくなって、最悪のケースでは落ちこぼれてしまう可能性もあります。

この本の目的は、高校生以上の方の頭脳に適した学習方法を伝授することにあります。勉強方法を変えなければいけないと言われたところで、おそらく皆さんは、大海原に投げ出された小舟同然、路頭に迷ってしまうことでしょう。大洋で目的の島を見つけ出すのは大変なことです。この本では、皆さんがいち早く正しい勉強方法を身につけられるよう、そしてまた、貴重な時間をムダにしなくてもすむよう、脳研究の観点から皆さんの年齢に合った勉強法を具体的に伝授します。

ところで、皆さんは、記憶が脳でどのようにして作られ、どこにたくわえられるのかを知っていますか。脳の仕組みを知らずして勉強することは、ルールを知らずして野球の練習に励むようなものです。スポーツは、ルールを理解すればそれだけ効率良く練習できて上達します。

同じように、効率的な勉強方法を見出すためには、まずは脳のルールをしっかりと理解することです。そして、脳の仕組みに逆らわず、むしろそれをうまく利用して能率的に勉強することが肝心なのです。

本書では、これまで漠然と流布していた「言い伝え」や「迷信」について、最先端の脳研究の裏づけをもってその真偽を厳格に判定していきます。そのためにまず、一般的な記憶の正体を明らかにし、記憶のメカニズムを説明します。そのあとで、高校生以上の皆さんにとって、中学生まではまったく異なる「記憶力を鍛える方法」についてアドバイスをしたいと思います。

二〇二〇年の教育改革では「知識および技能」「思考力、判断力、表現力など」「学びに向かう力、人間性など」の三つのスローガンが掲げられていますが、言い換えれば、教育の目的および学習の目標は、ものごとの中に共通な法則性を見つけ出して、生活上出くわす新しい場面でそれを上手に応用する能力を身につけることなのです。ずばり、これは高校生以上の脳に適した使い方そのものです。

それは教室での学習に限りません。上手な勉強の仕方を知っていることは、日常のあらゆる場面で対応の仕方が上達するということなのです。本書では、高校生をメインに焦点を当てていますが、高校生の脳の構造はもう大人の脳と同じです。つまり、高校生の皆さんは、いまや脳の仕組みの面からも、大人の仲間入りを果たしているのです。子どもの勉強法が通用しないのはあたり前です。

逆に言えば、この本を通じてこれから皆さんが学ぶノウハウは、高校を卒業したあと、大人になってもずっと使い続けることができます。高校生の皆さんの当面の目標は、志望校への合格でしょうが、その後の皆さんの可能性はまさに前途洋々です。その可能性を最大限に発揮して自己実現を図るために、皆さんの長い生涯においてこの本が少しでも役に立てば、私としては望外の幸せです。

二〇二二年二月　池谷裕二

abcdef
12345

第1章

記憶の正体を見る

1章—① 能力はテストでしか判定できないのか

記憶とは不思議なモノです。一体、記憶は脳のどこにどんなふうに存在しているのでしょうか。

先生が生徒をいくら眺めたところで、自分の教えた知識が、その生徒の頭の中にあるのかないのかはっきりしません。記憶はノートやメモのように、実際に目に見える「物」ではないから、当然ですよね。

そこで、登場するのが「テスト」です。皆さんの先生はきちんと教えたという確信があるのでしょう。何の躊躇《ちゅうちょ》もなく自信たっぷりに問題を出してきます。もし、その結果が思わしくなければ「皆さんの頭の中にはその知識はない」のだと判断されます。そして、学習義務を果たしていなかったとして、ダメ生徒のレッテルを貼られてしまいます。

ところが、テスト中に答えが出かかっていたのに時間が足りなかったとか、喉《のど》のちょっと下でつっかかって出てこなかったとか、答案用紙を回収されたとたんに、ど忘れしてい

た知識をハッと思い出した……なんてこともありますよね。たとえそうであったとしても、テスト中に答えられなければ、はじめからまったく覚えていない人と同じ0点がつけられてしまいます。そして努力したにもかかわらず「怠慢」「無能」の烙印を押されてしまうのです。その悔しさといったら、もう言葉では表現できないくらいでしょう。

テストを受けさせられる皆さんの防衛策としては、テストの前に、どんな問題が出されるかを予想し、そして、きちんと答えを導き出せるように準備しておくというのが最善の措置になります。

さて、この「**知識**」という、目で見ることができないものは、テストという形で無理に実体化しなければ、あるのかないのかわからないものなのでしょうか。たとえば、テストの前に脳の画像を撮影して、「知識」の有無を知ることはできないものでしょうか。ましてや「頭脳明晰」とか「記憶力抜群」などという「**脳力**」を、確実かつ簡単な方法で確かめることはできないものでしょうか。

じつは、現代の脳研究は、それに近いところまで到達しているのです。頭蓋骨を開ければ、そこに脳があることは誰でも知っています。「**記憶**」もその中のどこかにあることは間違いありません。ところが、「記憶」が固体であったり、液状で存在したりしているのならわかりやすいのですが、そうではないために、医学研究界でも脳は最後の砦《とりで》とされていました。

ここで、コンピュータについて考えてみましょう。コンピュータも膨大な量のデータを記憶していますよね。その仕組みとして、ハードディスク（ハードディスクドライブ・HDD）が、データを記憶する装置として、コンピュータに内蔵されています。これは、ディスク（円盤）の表面に塗布した磁性体を変化させてデータを記録しています。脳の中にもこのようなディスクがあるとは言いませんが、脳の「記憶」もコンピュータと同じように、何らかの物理的な形で記録され、脳に存在しているはずです。もしそうでなければ、脳は記憶できるはずがありません。

脳が「記憶する」ということは、そこに何らかの情報の痕跡があるはずです。ですから、脳に適当な処理をほどこせば、その情報を「見る」ことができるようになります。実際、私の研究室では、脳の情報を観察することに成功しています。そして、テストではわからない「潜在意識」までもが、部分的に見えるようになってきました。

1章―② 神経細胞が作り出す脳

脳研究では、「記憶」は次のように定義されています。

記憶とは、神経回路のダイナミクスをアルゴリズムとして、シナプスの重みの空間に、外界の時空間情報を写し取ることによって内部表現が獲得されることである。

何がなんだかさっぱりですね。これをわかりやすく言うと、記憶の正体は「**新たな神経**

回路の形成」ということになります。

ここで、神経回路という言葉について説明しておきましょう。ヒトの脳の中には、一〇〇〇億個もの神経細胞があると言われています。しかも、その一つひとつの神経細胞は、「神経線維」という手を伸ばし、それぞれ約一万個の別の神経細胞とつながっています。これが神経回路です。想像できますか。都市部の地図をイメージしてください。都市は、たくさんの建物が緻密な道路でつながって形成されていますよね。この建物が神経細胞、道路が神経線維、そして都市が脳と考えてもらうと良いでしょう。

道路が網の目のように張り巡らされているのと同じで、脳も神経回路というネットワークを作っています。そのネットワーク上を神経信号が飛び回っています。この神経信号を使って、脳は情報を処理しているのです。これはコンピュータが**電気信号**を使って、演算をしているのと似ています。

コンピュータは、半導体という特殊な部品を組み合わせた複雑な回路からできあがっています。プログラムによって、足し算のときはこっちからこう行ってあっちに回るといった道順を作っておきます。そこに電気を流し込むと、足し算の結果が出てくるという仕掛

なんて美しい絵
なんでしょ〜
私がキレイ
ですって!?
実はこれで
表わされている

けになっています。

電気回路を動き回るデータは、電荷の「ある」と「ない」に対応した「0」と「1」という単純なデジタル信号に置き換えられて、セーブされたりロードされたりしています。足し算だけでなく、どんな複雑な計算も、さらに音声や動画などもすべて、そのデータは0か1か、つまり**「ある」か「ない」かの二進法**で処理されていくのです。脳の記憶や処理の仕方もこれとよく似ていて、デジタル信号を使っています。

話をもっとわかりやすくしましょう。神経のネットワークを、神経線維が方眼紙のようにタテヨコに交差しているマス目としてイメージしてください。そして、その方眼紙いっぱいに、絵や文字を書いてみましょう。それは遠くからみれば絵や字に見えますが、近くで見てみると、方眼紙には「塗りつぶされているマス目」と「塗りつぶされていないマス目」の二種類があるだけなのです。つまり二進法ですね。

こんな具合に、脳の仕組みとコンピュータの仕組みには共通点があるのです。

1章―③ 覚える⇔忘れる

さらにコンピュータの仕組みを例にして説明したいことがあります。それは、**RAMとハードディスク**の関係が、ちょうど脳の**「短期記憶」と「長期記憶」**の関係に似ていることです。

コンピュータのハードディスクは、データを長期間保存しておく場所です。そこには百科事典にして何千冊分以上の膨大な量のデータが記憶されています。しかし、それだけではコンピュータは何の役にも立ちません。ただたくわえているだけではダメで、たくわえた情報を使ってはじめてコンピュータは役に立つのです。

そのため、コンピュータは内蔵ストレージの中から、処理に必要な情報だけを選び出して、一時的にＲＡＭに呼び出します。ＲＡＭは情報の一時的な保管場所です。つまり、脳で言えば短期記憶です。コンピュータはＲＡＭ上に呼び出された情報だけを利用できます。逆に、何か情報をたくわえる場合でも、いったんＲＡＭを経由してからストレージに保存します。

要するにＲＡＭは、コンピュータの記憶と外の世界をつなぐ橋渡しの役割をしているのです。

皆さんの脳でもこれと同じことが起こっています。つまり短期記憶は、長期記憶から情報を引き出したり、長期記憶に情報を保存したりするための一時的な保管場所だと考えるとわかりやすいでしょう。実際、記憶を脳に長期間たくわえる場合、通常は短期記憶を経由しなければなりません。

しかし、短期記憶にはちょっとした欠点があります。それは、キャパシティ、つまり容量が小さいことです。あまりたくさんのものごとを同時に短期記憶としてたくわえることはできません。しかも、その情報はすぐに消されて忘れてしまいます（だから短期記憶と

いうのですが)。

たとえば、カップラーメンでも食べようとヤカンでお湯を沸かしている最中に、友達から電話がかかってきて楽しい話で盛り上がったら、脳の中からヤカンへの意識は消えてしまうでしょう。この場合、ヤカンについては一時的な記憶でしかないからです。コンピュータでも同じですね。作業中のデータをきちんと保存しないでスイッチを消したら、ゼロからやり直しになってしまいます。短期記憶とはそういうものなのです。

つまり、長期記憶を作るためには、**短期記憶をいかにうまく使うか**ということが鍵になるというわけです。

たとえば、長期記憶として保存するときにしっかり名前をつけて、きちんとファイルに分類・整理してから保存しておかないと、次にそのデータが必要なときに引っ張り出せなくなってしまいます。つまり、自分の脳の中に情報はあるのに、テスト中に思い出せないのと同じような悲劇が起こってしまいます。

倉庫に入れるには入れたが、片っ端から放り込んでいたためにごちゃごちゃになっている状態……これでは倉庫ではなくてむしろゴミ捨て場です。いい加減にものを記憶すると、これと同じようなことが皆さんの脳の中でも起きてしまいます。

この本では、まずこうした観点から、いかにして知識を効果的に吸収すべきかを考えていきましょう。キーワードは「**海馬**《かいば》」です。記憶を語るときに、海馬の話題を避けて通ることはできません。

1章―④ 海馬について知ろう!

ヒトの脳には、長期記憶と短期記憶があることを知りましたね。

長期記憶の保存場所は「大脳皮質」です。脳のハードディスク。つまり、覚えた知識をたくわえる場所です。

脳のハードディスクの容量がどれほどあるのかは、じつは正確にはわかっていません。しかし、今皆さんが見たり聞いたり感じたりしているすべての情報を大脳皮質に放り込んでしまったら、わずか数分でパンクするだろうと推測している研究者もいます。

「え？　たったそれっぽっちなの？」と思うかもしれませんが、むしろ「脳には常にそれほどたくさんの情報が入ってきているんだ」と考えてもらった方が正しいでしょう。すべての情報を覚えることは所詮、無理な話なのです。

コンピュータのようにハードディスクを増設できれば良いのですが、脳ではそんなわけにはいきません。限られた容量をうまく活用するために、脳は「必要な情報」と「必要でない情報」の仕分けをします。裁判官のように情報の価値に判決を下すのです。その判定の結果、「必要な情報」と判断されたものだけが大脳皮質に送られて、そこに長期保存されるわけです。

では、その仕分け作業、つまり、必要・不必要を判定する「関所役人」とは、一体何者なのでしょうか。

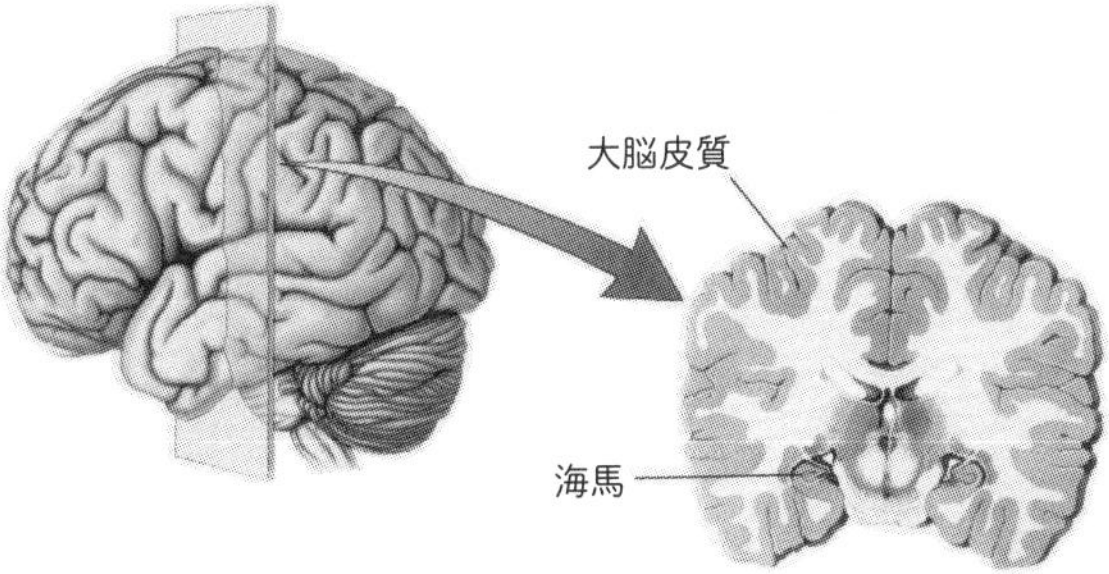

海馬と大脳皮質

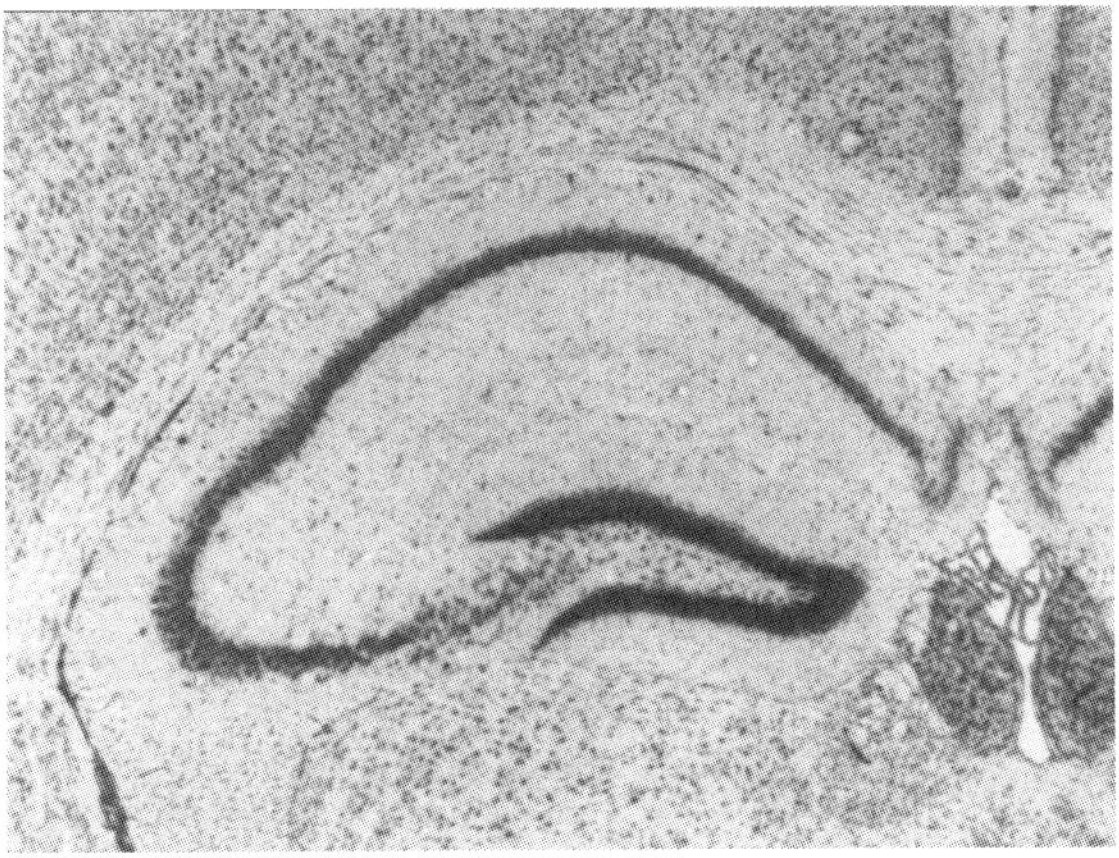

海馬の断面図

それが脳の「**海馬**《かいば》」なのです。海馬は耳の奥の方に位置している脳の一部位です。太さ一センチメートル、長さ五センチメートルほどの大きさで、小指をちょっと曲げたようなバナナ型をしています。ちなみに、海馬というのはタツノオトシゴという意味です。この部位を海馬と呼ぶようになった由来には諸説ありますが、正確なところはわかっていません。

そのタツノオトシゴと称する関所役人に必要と認められた情報だけが、関門を通過できて長期記憶となることができます。審査期間は最短で約一ヵ月です。この審査は厳しくて、よほどのことがない限り一回で合格することはありません。

では、どんな情報が海馬の審査に通りやすいのでしょうか。明日のテストに出る英単語でしょうか。古代ローマ皇帝の名前でしょうか。

残念ながらそのどちらでもないのです。通行許可の判定基準はなんと、「**生きていくために不可欠かどうか**」なのです。

英単語が覚えられなくて切羽《せっぱ》詰まっている自分にとっては何よりも必要な情報なのに、タツノオトシゴはそんな私たちにとても残酷です。「英単語の一つや二つ覚えてなくても命

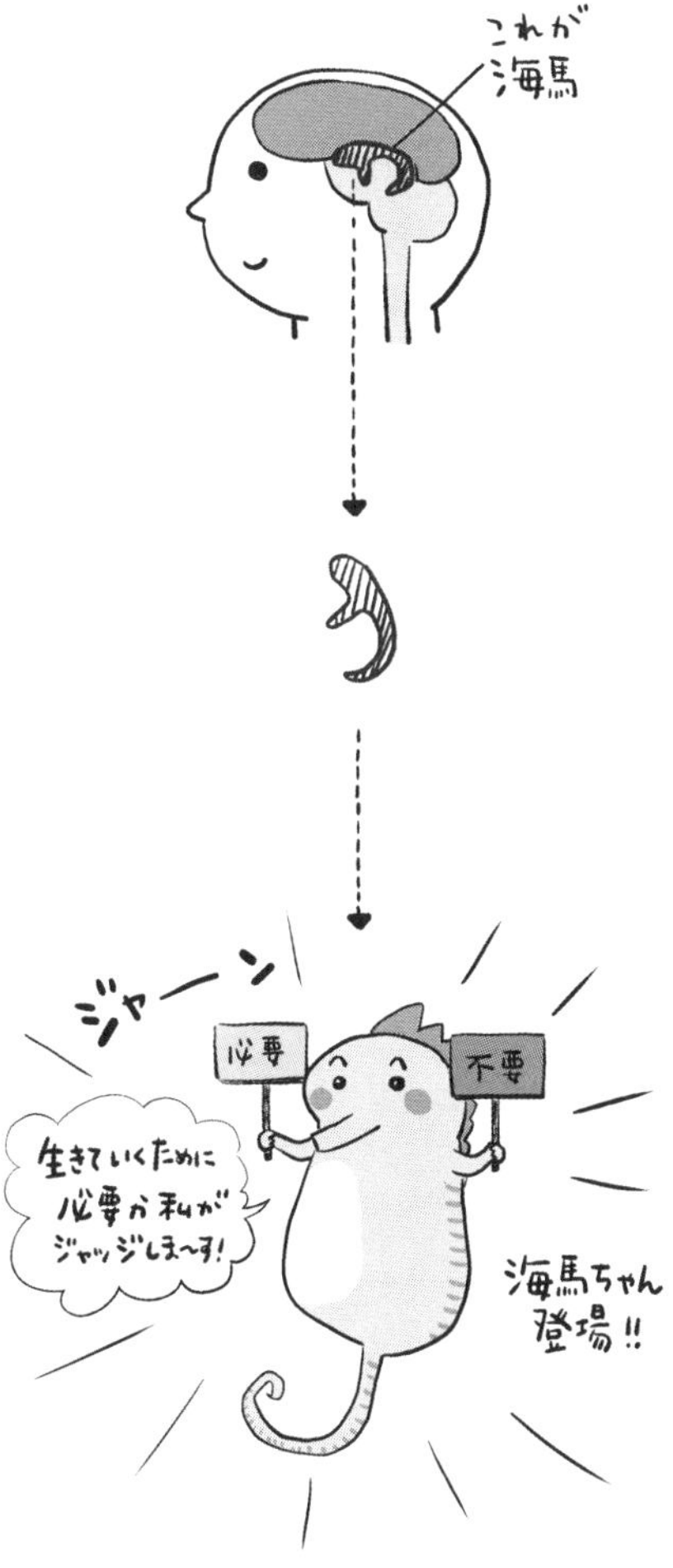
これが
海馬
ジャーン
必要
不要
生きていくために
必要か私が
ジャッジしま〜す!
海馬ちゃん
登場!!

に別状はない」と言って通してくれません。短期記憶から長期記憶になることが許されないのです。皆さんが学校で覚えなくてはいけない知識のほとんどすべては、海馬が「生きていくのに不可欠」とは判定してくれないものです。

それもそのはずです。よく考えてみてください。「嫌な臭いがする物を食べたら食中毒を起こす」とか「頭に向かって石が飛んできたら逃げないとケガをする」という情報と、「ソクラテスが死んだのは紀元前三九九年である」などという教科書的な知識とでは、どちらが命に関わる重大な情報でしょうか。ヒトは人間である前に動物です。どんなことがあっても生き延びていかなければなりません。動物にとっての「学習」とは、危険な状態におかれた経験で得た情報を記憶しておいて、同じ目に遭わないように回避したり、環境の変化に上手に適応したりしていくことなのです。

1章⑤ 頑張れ海馬!

海馬は、生命存続に役立つかどうかという「ものさし」で情報の取捨選択をします。身の危険のない安全な教室で学ぶことなど、当面生きていくだけならどうでも良いことではありませんか。「右耳から入って左耳にぬける」とよく言いますが、まさにそんな具合で、海馬は不要と判断した情報をせっせと消去しているのです。

ヒトは消費するエネルギー全体の二十%を脳で使っています。脳の重さが体重のたった二%にすぎないことを考えると、いかに脳は大食漢であるかがわかりますね。

長期記憶で情報をたくわえるためには、エネルギーを消費するはず。だとしたら、不要な情報まで脳にたくわえるのは、エネルギーのムダ遣いにほかなりません。海馬は徹底的な省エネ主義者で、エネルギーの浪費になるようなムダな情報はいっさい通過させない「財政担当大臣」でもあるのです。

ですから、皆さんが「全然覚えられないよ」と嘆いたとしても、それはある程度は仕方がありません。なぜなら、**脳はそもそも覚えることよりも覚えないことをずっと得意としているの**ですから。

つまり、「覚えられない」という嘆きは、脳研究的に見ればきわめて当然なのです。せっかく苦労して覚えたことを忘れてしまっても、クヨクヨと悩む必要はありません。決して自分の脳だけが特別に忘れやすいわけではなく、これは誰の脳でも同じなのです。

とは言っても、皆さんにとっては、授業中にドジな答えをして恥をかくことも、入試で落ちることも、食中毒で苦しむことと同じくらい避けたいことですよね。ところが残念ながら、海馬は私たちの願いに臨機応変に対応してはくれません。

それはなぜか。海馬が進化的に未熟だからではないかと、私は考えています。

ヒトが高次な文化を営むようになったのは、せいぜい一万年ほど前のこと。進化の歴史上で考えたら、つい最近だと言えるでしょう。海馬が、急速に発展したヒト文明に見合っただけの進化を遂げるには、まだまだ歴史が浅いのです。

では、学校で教わる知識を、進化的に未熟な海馬に「必要なもの」として仕分けしてもらうためには、一体どうしたら良いのでしょうか。それこそが、皆さんが今もっとも知りたいことではないでしょうか。

その方法はたった一つしかありません。**海馬をダマすしかない**のです。とは言っても、賄賂《わいろ》を使ったり泣きついたりして揺さぶりをかけても、海馬はいっさい動じません。

海馬に必要だと認めてもらうには、できるだけ情熱を込めて、ひたすら誠実に何度も何度も、繰り返し情報を送り続けるしかないのです。そうすると海馬は、「そんなにしつこくやって来るのだから必要な情報に違いない」と勘違いして、ついに大脳皮質にその情報を送り込むのです。古来、「**学習とは反復の訓練である**」と言われてきたのは、脳研究の立場からもまったくその通りだと言えます。

だから、学習したことを忘れてしまっても、いちいち気にすることはありません。また必要になったときにもう一度覚え直せば良いのです。そうして覚えたことを、やはりまた忘れてしまったら、それでもヘコタレずにまた覚え直しましょう。そんな具合に、何度も何度も繰り返し覚え直しているうちに、脳はその知識を記憶に留めるようになるでしょう。

しかし、そうして苦労してようやく覚えたことを、また忘れてしまったら、どうしたら良いのでしょうか。何度も努力して、やっと覚えたのに……。

答えは同じです。やはりまた覚え直せば良いのです。これればかりは仕方がないのです。脳は、できるだけ早く多くのことを忘れるように設計されているのですから。

つまり、成績が良い人とは、忘れても忘れてもめげずに、海馬に繰り返し繰り返し情報を送り続けている努力家にほかならないのです。

この本を読めば、楽をして成績が上げられるようになると思っていた皆さんにとっては、期待を裏切られる結論になってしまったかもしれませんね。いつもテストで嫌な思いをしている皆さんは、「どうしてコンピュータのように、『保存』をクリックするだけで永久に忘れないようになっていないんだろう」と悔しく思ったかもしれません。

でも、考えてみてください。そう簡単に覚えられない原因は、脳のキャパシティが小さいということもありますが、もっと本質的なことを言えば、もし一度覚えたことをすべて半永久的に忘れないとしたら、人は上手に生きていけないのではないでしょうか。

かつて、ずばぬけた記憶力を持つ患者がいました。彼はルリア病を患っていたのです。朝起きてからその日に見たこと全部、道ですれ違った知らない人の顔や、道路に放置してあった自転車にいたるまで記憶してしまい、夜に寝ようとすると、昼間見かけたものが次々と脳裏によみがえってくると嘆いていました。忘却のない記憶力を持つ彼は、次々と生じる視覚像のために思考を妨げられ、しだいに現実と想像の世界の区別を失い、幻覚の世界にさまよい込んでしまいました。彼は必死で記憶を消し去ろうともがきましたが、ついに重いノイローゼになってしまいました。

どうですか。苦労せずにどんどん忘れられるというのは、なんて幸せなことなのでしょう。私たちが好むと好まざるとにかかわらず、脳はどんどん忘れるようにできています。

よほどのことでない限り、記憶に残さないという慎重な脳の仕組みに、私たちは感謝すべきなのです。

でも、どうしても記憶に残さなければ入試に落ちてしまうというのなら、方法はただ一つ、繰り返し繰り返し復習して「脳をダマす」しかないのです。

ただ、一口に脳をダマすと言っても、もちろんそこにはちょっとしたコツがあります。このコツこそが、効果的な勉強法の秘訣なのです。

そこで、この本ではまず「脳の原理」を説明しながら、少しずつそのコツを伝授していきます。さて、心の準備は整いましたか。まずは基礎編からスタートしましょう。

一番だましやすい人間は、すなわち、自分自身である。

パルワー・リットン（イギリスの政治家）

体験談①：高1で履修した科目で受験するのは不利？

私は今、高1で習った「生物基礎」を受験科目にするかどうかで悩んでいます。

「生物基礎」は、すでに一通り習っていて全貌がつかめているし、中間・期末テストでは一夜漬けでしたがそこそこ良い成績をとっていたので、有利ではないかと思っていました。

ところが、高3になって模試を受けたら、50点満点中の18点でした。カタカナの生物用語は、きれいさっぱり忘れていました。これならまだ高2で習った化学の方が記憶に残っているし、高3でやっている物理なら忘れる前に入試の日が来るような気がして、高1で履修した科目を受験で選択するのは不利な気さえしてきました。

今から思えば、高1の中間・期末の試験問題を取っておいて、ときたま復習しとけばよかったと後悔しています。なんとなく覚えていると思っていたのですが、2年もたつとホントに跡形もなくなるんですね。（高3・神奈川）

著者からのコメント

　こうした内容の相談は、ほとんどのケースで本人の心がけの問題です。確かに人の記憶は（特にテストの知識の場合は）時間が経てば忘れてしまって当然です。

　しかし、脳研究的にみれば、一度しっかりと記憶したモノ（つまり大脳皮質に刻まれた長期記憶）であれば、無意識の脳に今でもたくわえられているはずです。ですから、今から勉強を始めても、以前よりはすんなりと思い出して、容易に習得できるはずです。つまり、一年生のときの履修科目よりも三年生になって習った科目の方が受験に有利だとは一概には言えません。

　要するに、一年生のときの科目を、当時どれほどしっかりと取り組んで習得したかということがより重要です。「全貌がつかめていて有利」だと感じるのでしたら、その科目を選択したら良いと思いますし、「一夜漬け」でしか勉強してこなかったとしたら、おそらくその知識は身につかなかったでしょうから、最近習った科目を選択した方が良いかもしれません。

また、脳にはレミニセンス効果という現象があるということを心に留めておくこともムダではないでしょう。レミニセンス効果とは、身につけたばかりの新しい知識よりも、脳の中でじっくり寝かせた知識の方が、脳にとっては利用しやすい知識になるという現象です。詳しくは第2章を参照してください。

脳心理学コラム1：色彩心理学

「色」が人間の脳の機能に大きな影響を及ぼすことを知っていますか？

たとえば、ファーストフード店の看板や店内は、赤色を基調にしていることが多いですよね。これは赤色がもっとも食欲を促進する色だからです。進化の過程で、ヒトがまだ肉食動物だったころの名残なのでしょう。赤い色調を使うとより多くの客を引き寄せられるのです。

反対に、満腹時にもっとも嫌悪を感じる色もまた赤色です。だから、食事を終えた客は、赤色の店内に居心地の悪さを感じてすぐに帰ってゆくことでしょう。つまり、店の客の回転が速くなるのです。

このように色と心の関係をあつかう学問を「色彩心理学」と言います。

では、勉強についての効果はどうなのでしょうか。

知能指数を測るテストで、色の影響が確かめられています。テストの問題は変えずに、問題用紙の表紙の色を赤、青、緑、黒など、さまざまな色に変更します。すると、表紙が赤色の問題用紙を渡された受験者の点数が低いという結果が出ました。他の色に比べ、10～30％点数が下がってしまうのです。表紙に限らず、解答欄の枠やページの片隅などに赤色を入れただけでも、同様に点数の低下が認められました。この結果から、赤色には点数を下げる効果があることが判明したのです。

その反対の知能を高める効果のある色は、残念ながら、今のところわかっていません。個人的には、自然を想起させる緑色を使うことが多いです。また、勉強の息抜きに散歩しつつ、公園や川辺にある緑を眺めることもあります。緑には、心を落ち着かせ、集中力を高める効果があるような、そんな気がしているからです。

第2章

脳のうまいダマし方

2章―① 誰だって忘れる

この章では、脳にたくわえられた記憶が**その後どうなっていくか**を解説しましょう。この過程を理解することが、脳をうまくダマすコツを知る土台となります。

第1章で、脳はものごとをなるべくたくさん忘れるように設計されているということを説明しました。そこでまず、ヒトの脳が覚えたことをどのくらいの速さで忘れていくかについて、皆さんと実験をしながら考えていきましょう。

たとえば、次のような単語暗記の実験をしてみましょう。これはドイツの心理学者エビングハウスが、百年以上も前に行った有名な実験です。

次の三文字単語を覚えてください。

（いるめ）（くとし）（かでさ）（たとは）（すとえ）
（おえね）（むたら）（かふわ）（けんよ）（みまそ）

十個並んだ単語はまったく意味をなさないものですが、真剣に覚えてください。あとで単語を思い出すテストをします。

暗記するときに注意してほしいことが二つあります。第一点は、語呂《ごろ》合わせなどを使わず、そっくりそのまま「丸暗記」するということ。第二点は、覚えたあと、テストまでの間に絶対に復習してはならないということです。これは「忘却」を確かめるテストです。この約束を守らないと、「忘却」の実体が見えてきません。

さて、皆さんは、今覚えた十個の単語を、このあとどのくらいの時間まで覚えていられるでしょうか。「私はこういう暗記が一番苦手なんだよな」とか「記憶力の良いやつは、楽に長時間覚えていられるんだろうな」とか、そんなことを考える皆さんもいるでしょう。

しかし、実際にテストをしてみると、**単語を忘れる速度は人によって違わない**ことがわかります。個人差はありません。誰でも同じように忘れていきます。つまり忘れることは、意識ではまったくコントロールできないのです。どんなに意識してもいつかは忘れてしまいますし、逆に、すぐに忘れてやるぞと気合いを入れてみても、すんなり忘れることはできないでしょう。

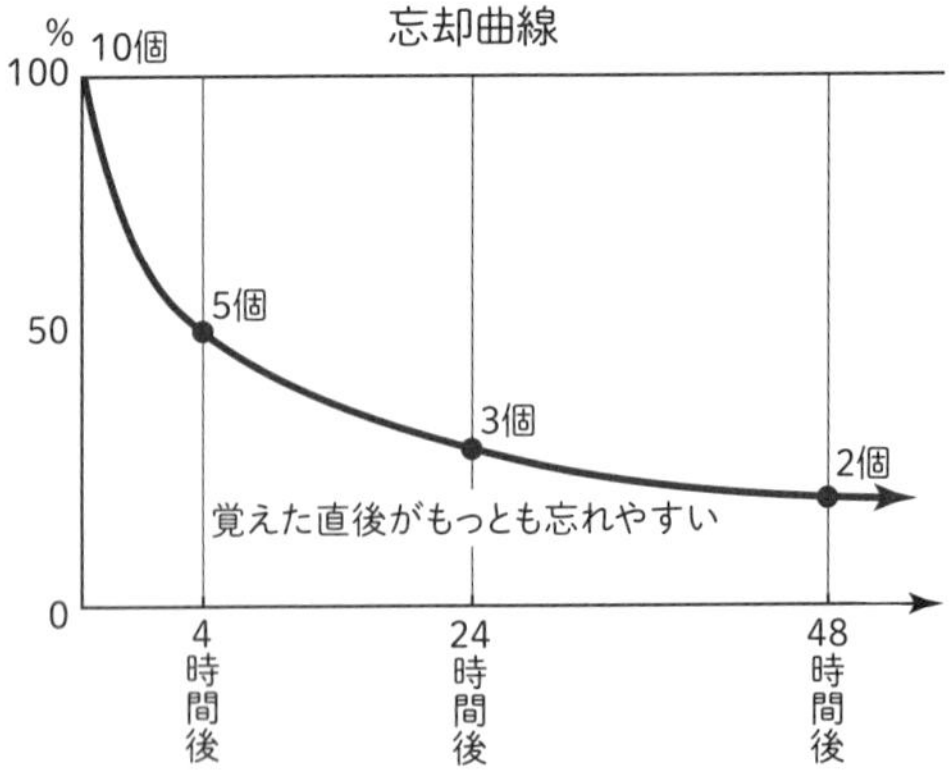

このテストで、単語がどのようなスピードで忘れられていくかを調べたグラフは「**忘却曲線**」と呼ばれています。一般的な結果を図に示しました。

このグラフをよく見てください。グラフは一次関数ではありませんね。忘れるスピードは一定ではないのです。**覚えた直後がもっとも忘れやすい**ことがわかります。はじめの四時間で一気に半分くらいを忘れてしまうようです。けれどもその後は、残った記憶がわりと長持ちし、少しずつ減っていくだけです。グラフから、そんな傾向が読みとれます。

先のテストの平均的な成績から言いますと、四時間後には暗記した十個の単語のうち、五個程度しか思い出せなくなっているはずです。そのあとは忘れる速度が遅くなり、二十四時間後にテストを行うと、覚えている数は三から四個であるのがふつうです。四十八時間後では二から三個くらいです。

ということは、定期テストや入試の直前にやむなく切羽詰《せっぱ》まったら、前日の深夜に頑張って暗記するよりも、試験当日の朝、早起きして詰め込んだ方が、試験までに覚えていられる可能性が高いということになりますね。また、この忘却曲線にしたがえば、覚えてから四時間以内に試験が行われなければ、半分以上を忘れてしまうということもわかります。

ただし私は、試験直前の知識の詰め込みは推奨しません。その理由はあとで説明しましょう。

さて、皆さんの単語のテストの成績はどうでしたか。こういうテストは厳密に行うのは難しいので、少し違う結果が出たかもしれませんね。もし、この忘却曲線よりも成績が良かったら、それはきっと丸暗記で記憶していなかったか、もしくは覚えた単語が、あなたにとって何か特別な意味を持つものだった可能性があります。このテストはあくまでも無意味な単語に対する効果をみる実験ですから、そうなると正しい結果が得られなくなってしまいます。

逆に、もし忘却曲線よりも成績が悪かったとしたら、それははじめからきちんと覚えていなかったか、もしくは「記憶の干渉」の結果だと思われます。記憶の干渉については、これから詳しく解説します。いずれにしてもここでは、忘れることには個人差がないということを覚えておきましょう。

2章—② 良い勉強法? 悪い勉強法?

覚えたことを忘れるスピードは、人によって違ったり、意識によって変わったりはしないということをすでに説明しました。だからといって、どんな条件でも忘れるスピードは不変かというと、もちろんそうではありません。もし不変だとしたら、人によって記憶力は変わらないはずです。学校の成績に差が出るはずがありません。

そこでまず、**忘却が早まってしまう場合**について説明しましょう。どういうことをすると記憶がより早く消えてしまうのか。これは、皆さんの今後の勉強にとって大いに役立つ情報となるでしょう。

忘却が早まる効果がもっともはっきり現れるのは、新しい記憶を追加したときです。要するに知識を無理に詰め込めば、忘れやすくなるのです。たとえば、皆さんは先ほど十個の単語を覚えました。そこで新たに、たとえば先の単語を覚えてから一時間後に、さらに次の単語を十個覚えてみましょう。


（とがま）（もいく）（かまし）（ぎんも）（こはと）

（もそん）（しすぜ）（そひい）（でみは）（さくて）


もちろん、今回もしっかりと暗記してください。

そしてそれから三時間後に、先に覚えた方の単語十個を思い出してみましょう。どうでしょう。何個覚えていられましたか。きっと、一個か二個程度だと思います。

つまり、必要以上に記憶を詰め込むと、覚えが悪くなってしまうのです。一度に覚えられる量には限度があるということです。

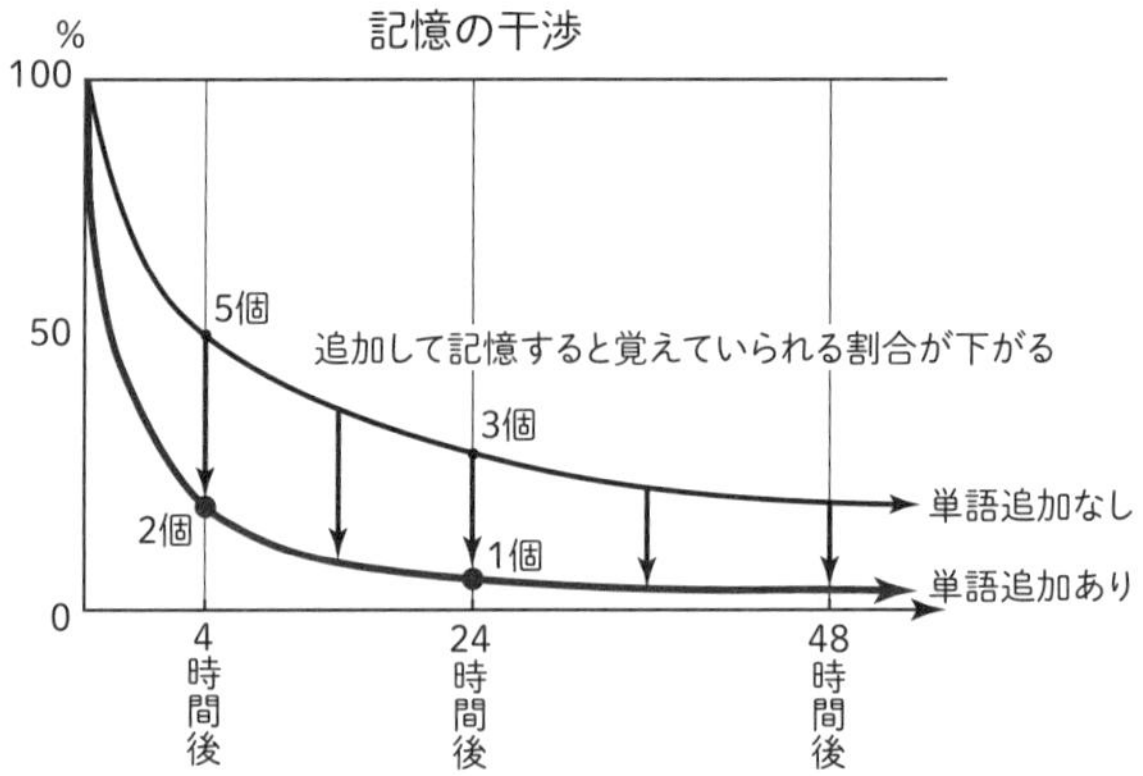

もちろんこれと同時に、ついさっき覚えた新しい方の単語の記憶も妨げられているはずです。追加した十個の単語を、実際に四時間後に思い出してみればわかると思います。思い出せる単語数は五個以下でしょう。

このように、新しい記憶と古い記憶が影響を与え合ってしまう相互作用のことを「**記憶の干渉**」と呼びます。

一つひとつの記憶は、お互いに関与せず完全に独立しているのではありません。むしろお互いに関連し合い、影響し合っています。あるときはお互いを排除したり、またあるときは、お互いを結びつけて高め合ったりしているのです。

だから、間違った覚え方、たとえば不用意に大量の知識の詰め込みを行うと、記憶が消えてしまったり、記憶が混乱し曖昧になったりして、勘違いなどを起こす原因になります。

たとえば古文の授業で、先生が「百人一首を明日までに全部覚えてきなさい。テストを行います」といった無謀な課題を出したとします。こんなときは、無理に徹夜して百個全部を覚えようと努力するより、着実に三十個だけ覚えた方が良い点数を得られます。三十個しか勉強しないというのは、なかなかズルい戦略ですが、しかし実際には、時間的にも体力的にも精神的にも理に適った作戦です。とはいえ、徹夜で強引に脳に詰め込もうとするのは、健康面から考えてもやめておいた方が良いでしょう。

もちろんテスト前だけでなく、ふだんの勉強でも同じことが言えます。一日のうちに、新しい知識をあまりにもたくさん詰め込むのは避けましょう。そもそも勉強は、予習よりも復習に主眼を置くべきです。復習の大切さについては、またあとで説明します。とにかく、覚えられる範囲をストレスなく覚える。これが記憶の性質に適った学習方法なのです。さて、そろそろわかってもらえるころだと思います。そうです！　**勉強には脳の性質に沿った良い方法と、脳の性質に逆らった悪い方法がある**のです。脳の性質を無視した無謀な勉強は、時間のムダであるだけでなく、場合によっては逆効果にさえなります。そんな勉強なら、しない方がまだマシです。

どれだけ勉強したかは大切な要素ではありますが、勉強の量だけで成績が決まるのではありません。それ以上に大切なことは、いかに勉強するかという質の問題なのです。勉強の仕方しだいで結果は大きく変わります。

皆さんは、今までどんな勉強法を実践してきましたか。それは、脳の性質を無視した勉強法だったのではありませんか。自分の勉強法をよく見直してみてください。この本では、これから効率的な勉強法についていろいろと解説していきます。内容を正しく理解して、もし間違った方法をとってきたのであれば、自分の勉強方法をより良い方向に改善してみてください。「こんなに頑張っているのに、なんで成績が上がらないんだろう」と感じている人は、特に要注意です。そういう人は、脳神経科学の原理を正しく応用して、少ない勉強量でも最高の効果があげられるような勉強法に変えていきましょう。

2章——③ 繰り返しの効果

忘却曲線の実験を通じて、間違った勉強法では忘れるスピードが速まったり、覚えたことが混乱したりすることがわかりました。しかし、忘却曲線が教えてくれることはこれだけではありません。次に、忘却曲線の傾きを緩やかにする、つまり**覚えたことを忘れにくくする方法**を考えてみましょう。

最初の実験で、皆さんは単語を十個覚えましたが、せっかく覚えたその単語も時間が経てば自然と忘れていきます。いつかは十個全部をすっかり忘れてしまうでしょう。

しかし、それは本当に脳から消え去ってしまったのでしょうか。

どうやらそんなことはないようです。試しに、単語を完全に思い出せなくなったあとに、まったく同じ十個の単語を再び暗記し直してみましょう。そしてもう一度テストをします。するとどうでしょう。一回目のテストのときと比べて、今回の方がよく覚えていられることに気づくはずです。二回目は忘れにくくなっているのです。平均的な成績で言えば、お

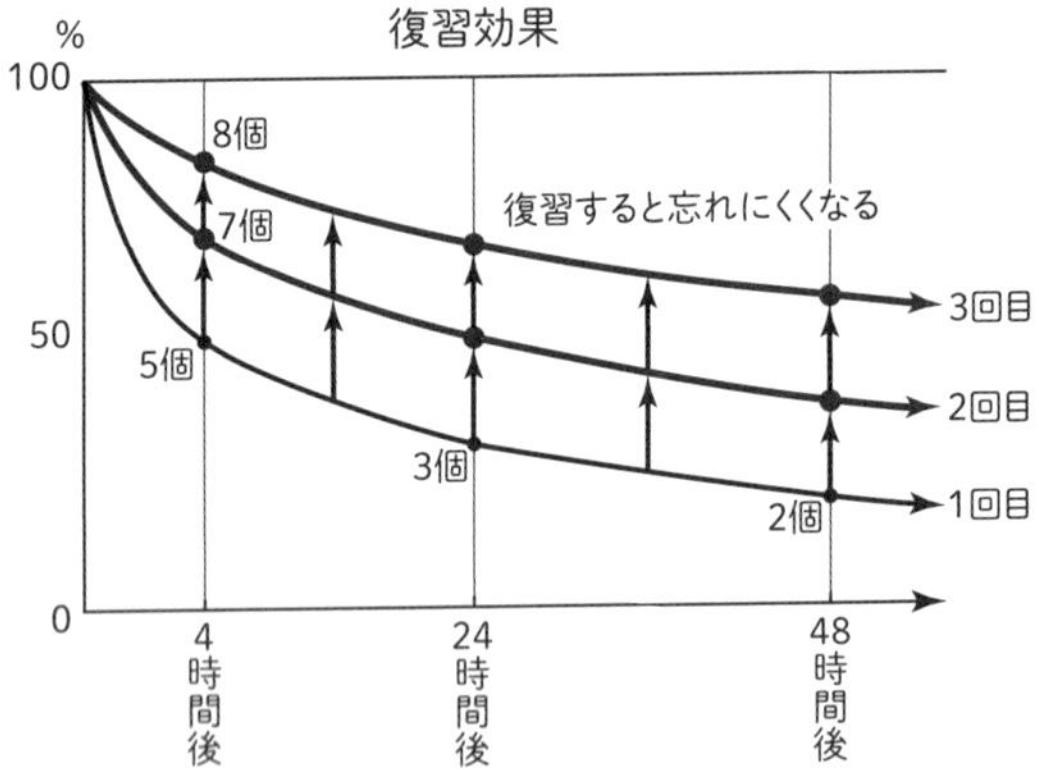

そらく四時間後でも六個から七個くらいは覚えていられるはずです。

さらにこれを繰り返してみましょう。つまり、二回目に覚えた単語を再び思い出せなくなったあとで、さらにもう一度、同じ単語の暗記を行ってみるのです。三度目にもなると、さすがに効果はてきめんです。もっと忘れにくくなることがわかるでしょう。四時間後になっても八個から九個は思い出せるはずです。

つまり学習を繰り返すと、あたかも記憶力がアップしたかのように見えるのです。もし、皆さんが友達をここに呼んできて、いっしょに単語の丸暗記競争をしたとしましょう。もちろん、その単語とはあなたがすでに繰り返し暗記したものです。どんなにがんばっても四時間後に半分は忘れてしまうその友達は、すっかりあなたを記憶術の天才だと勘違いしてくれるはずです。

それにしても、暗記を繰り返すとどうしてこのように記憶力がアップするのでしょうか。最初に暗記した内容は完全に思い出せなくなってしまったのですから、もはやその単語は皆さんの脳からはすっかり消えてなくなってしまったはずですね。それにもかかわらず、二回目は一回目よりも成績が良いのです。不思議ではありませんか。

じつは、その単語は、脳から完全に消されてしまったわけではなかったのです。ただ思い出せなくなっていただけで、ちゃんと脳の中には残っていたのです。皆さんはすっかり忘れてしまったかのように感じたかもしれませんが、じつは無意識の世界にしっかりと保存されているのです。ただし、それはあくまでも潜在的な記憶のため、思い出すことができなかったわけです。

学習を繰り返した場合には、この**無意識の記憶が自分でも気づかないうちに暗記を助けて**、テストの成績を上昇させるのです。だから、同じ学習を繰り返すと、まるで記憶力がアップしたかのように感じるのです。

このことから、勉学において何度も繰り返すこと、つまり「復習」がいかに大切であるかがよくわかりますね。復習をすれば、忘れるスピードを遅くすることができるのです。

2章─④ がむしゃらだけでは報われない

皆さんは「復習」の大切さを知りました。しかし、一口に復習と言っても、ただただ何も考えずに繰り返せば良いというわけではありません。そこで、復習において注意しておきたいことを二つ取り上げて説明します。

まず一つ目は、**復習をいつやれば良いのか**というタイミングについてです。どれほどの間隔をあけて復習をすれば、もっとも高い効果をあげられるのでしょうか。

先ほどの三文字単語の暗記テストを使って、実際に皆さんも試してみるとわかるのですが、二回目の学習までに一ヵ月以上の間隔をあけてしまうと、記憶力はあまりアップしません。つまり、**潜在的な記憶の保存時間は一ヵ月**ほどのようです。一ヵ月以内に復習しなければ、潜在的な記憶も無効になってしまいます。復習はいつやっても効果があるというわけではありません。最低でも一ヵ月以内に復習するようにしましょう。

ところで、なぜ無意識の記憶には使用期限があるのでしょうか。じつは、それも「海馬」が鍵を握っています。海馬は脳に入ってきた情報の取捨選択をする工場です。海馬に情報が留まっている期間は、情報の種類にもよりますが、短い場合だと一ヵ月程度のようなのです。海馬は情報を一ヵ月かけて整理整頓し、何が本当に必要な情報なのかをじっくりと選定しているのです。

だから一ヵ月以上経ってから復習すると、それは海馬にとってははじめて習ったのと同じことになってしまうのでしょう。逆に一ヵ月以内に何度も復習をすれば、海馬は「たった一ヵ月の間にこんなに何度もやって来るのだから、これはきっと大切な情報なのだろう」と勘違いしてくれるわけです。

もちろん、同じ一回の復習でも、海馬により多くの情報を送った方が勘違いしてくれる可能性が高くなります。つまり復習のときも、はじめて学習するときと同様に、目で追うだけでなく手で書く、声に出すといった努力をして、できる限り多くの五感を使うべきです。こうした目・耳・手などの五感の情報はすべて海馬を刺激するのに役立ちます。

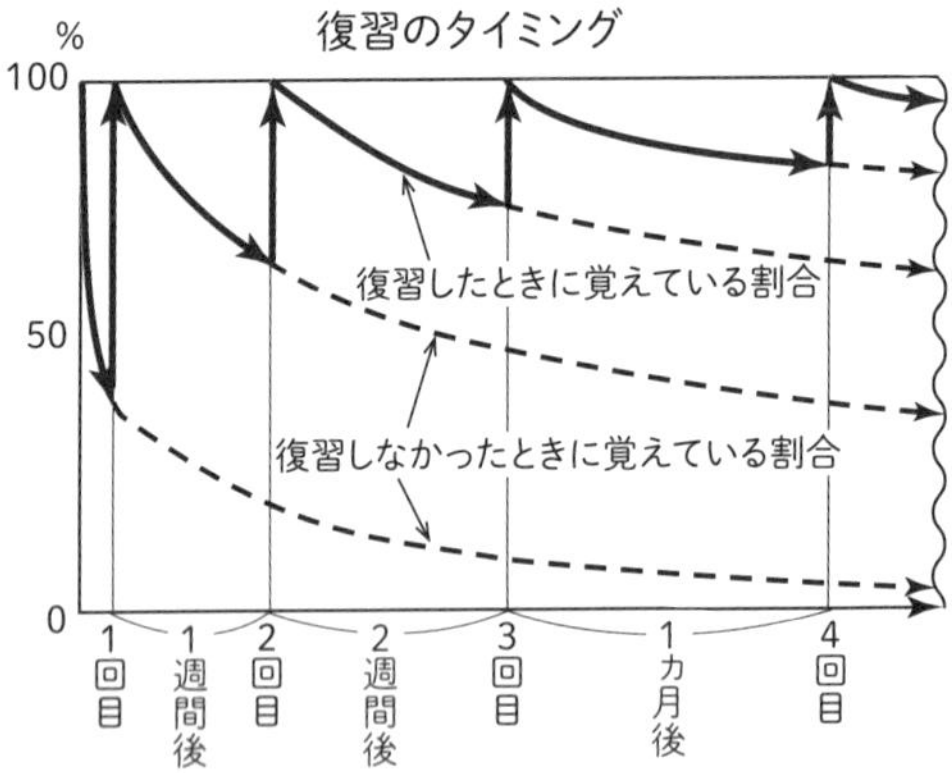

海馬の性質を考え、次のような復習のプランを提案したいと思います。

学習した翌日に、一回目
その一週間後に、二回目
二回目の復習から二週間後に、三回目
三回目の復習から一ヵ月後に、四回目

このように、全部で四回の復習を、少しずつ間隔をあけながら二ヵ月かけて行うことです。このように繰り返せば、海馬はその情報を必要な記憶だと判定します。

逆に、これ以上にたくさん復習する必要はないでしょう。筋肉トレーニングでもそうでしょう。筋肉をつけるために、鉄アレイを毎日持ち上げる必要はありません。二日に一回トレーニングするだけで、毎日やったのと同じ効果が現れます。それと同じように、**復習スケジュールを必要以上に過密にして労力を費やしても、その成果は変わらない**のです。

不要な復習に時間を割くなら、その時間をほかの勉強に使った方が良いでしょう。以上が注意点の一つ目です。

二つ目の注意点は、復習の「内容」についてです。

復習の効果は同じ内容のものに対して生じます。たとえば、先ほど単語の暗記テストをしましたが、もし二回目に異なる十個の単語を暗記したとしても、記憶力はアップしません。覚える内容が変わると、効果が出ないのです。それどころか、むしろ「記憶の干渉」が起こって、成績が低下してしまう恐れもあります。これでは復習効果どころではありませんね。ですから、復習は同じ内容の学習を繰り返すことが肝心です。だからこそ「復習」と呼ぶのです。

皆さんは勉強をするときに、学校の教科書以外にも参考書や問題集を使っていると思います。本当に自分に合った良い参考書を探し出すのは、なかなか大変なものです。実際、書店の参考書売り場には、参考書選びの参考書などという不思議な本も置いてあるくらいですから。

もしかしたら皆さんの中には、少しでも良い参考書はないかと、何冊も参考書を買って少しずつ試している人がいるかもしれません。しかし、私はそうした参考書の探し方が効果的だとは思いません。

その理由は、まさに「復習」効果です。同じ科目でも、参考書が替われば、また一からその参考書を理解し直さなければなりません。**復習効果はあくまでも同じ対象に対して現れる**のです。これはとても重要なことですから、肝に銘じてください。

参考書の良し悪しが気になって仕方がない人は、情報に敏感になりすぎているのではないでしょうか。周囲の人やネットの評価に惑わされて、参考書をアレコレと替えているとしたら、それは復習効果をみすみす放棄しているようなもの。ほとんど自殺行為です。

確かに、世の中には良い参考書と悪い参考書があるかもしれません。しかし実際には、皆さんが気にするほど大きな差があるわけではありません。その理由は、参考書を制作する人たちはたいてい、少しでも皆さんのお役に立とうと（あるいは、たくさん売って儲けようと）、工夫に工夫を重ね、苦心して作っているからです。だから、学校の教科書以上にさまざまな工夫がほどこされていて当然なのです。

参考書選びのコツは、第一印象で決めることに尽きます。インターネットで購入などせず、できれば書店まで足を運んで、実物を手にとって眺めながら、自分自身で選びましょう。そして、一度決めた参考書は最後まで使い切りましょう。浮気をせずに何度も繰り返し勉強するのです。

初志貫徹。他人が使っている参考書はもはや自分には関係ありません。参考書探しに時間やお金を費やしている余裕があったら、一度決めた参考書を何度も復習する方が賢明です。

私自身も学生時代は、参考書を何種類も使用せず限られた冊数を最低四、五回は繰り返したものです。少し頑固なくらいが、勉強にはちょうど良いのです。

2章⑤ 眠ることも勉強のうち

これまで「復習」の大切さを説明してきました。皆さんは、復習とは自分で努力してやるものだと思っているでしょう。ところが、努力せずとも勝手に復習をしてしまうことがあるのです。そのありがたい働きは、皆さんの睡眠中に行われています。――夢です。眠っている間にも、脳は復習をしているのです。

脳研究によれば、何か新しい知識を身につけたときには、その日のうちに十分な睡眠をとることが推奨されています。逆に、一睡もせずに詰め込んだ情報は、ただちに脳から消えてしまうことでしょう。

そう言われてみれば、テストの直前に夜更かしして丸暗記した知識は、結局は身につかず、きれいに忘れてしまいますよね。やむを得ず一夜漬けしているのでしょうが、ここはまず、睡眠が学習にとっていかに大切かを知っておいた方が良いでしょう。

なぜ睡眠が重要なのでしょうか。その鍵もまた海馬が握っています。夢を見ている間、海馬はとても盛んに活動しています。**夢は「記憶」の再生**です。こう言われても、ピンと来ないかもしれませんね。「風変わりな夢や、神話の世界のような妙な夢を見るではないか、あれは現実とはいっさい関係がないよ」という反論が聞こえてきそうです。

では、皆さんは古代ギリシャ語をペラペラしゃべっている夢を見たことがありますか。もちろんないでしょう。なぜなら、脳にその情報がないからです。脳に存在しない記憶は、いくら夢といえども作りようがないのです。

つまり夢とは、脳にある情報や記憶の断片が、あれこれと組み合わされて作られたものなのです。夢を見る目的は、その組み合わせに意味があるのかどうかを試行錯誤するためだと考えている研究者もいます。眠っているうちに、人はたった一晩でも膨大な夢を見ます。なんと朝起きたときに覚えている量の100倍にもなります。それらのすべては、海馬の情報や、大脳皮質の記憶が夢という形で再現されたものです。起きたあとに思い出せる夢は、全体のほんの一部分です。あまりに妙な夢を見ると、「変な夢だった」と強く印象に残り、目覚めてからも覚えているのでしょう。

海馬は、睡眠中に情報をさまざまな形で組み合わせ、その整合性をテストし、過去の記憶を「整理」しています。そして、どの情報が必要か、どの情報が必要でないかを、海馬が吟味しているのでしょう。

したがって、**寝ないということは、海馬に情報を整理し選択する余地を与えないということ**になります。その結果は目に見えていますね。海馬が整理できない情報は、必要なときに思い出せなくなります。

寝ることは、覚えたことをしっかりと保つための大切な行為なのです。「テスト直前にしか勉強しない、しかも毎回徹夜だ」という人がいますが、これでは学力が積み上がっていくはずがありません。記憶は、脳に長く留まってはじめて意味のあるものです。一夜漬けしてテストで良い点をとっても、その場しのぎにすぎません。テストの点数はなんとかなるかもしれませんが、学習したことは身につかずに忘れてしまうでしょう。

貴重な睡眠時間を削ってまで良い成績をとろうと試みるのは、長期的に見て無意味です。せっかく勉強した努力をムダにしないためには、なるべく睡眠時間を削らなくてすむように計画的な学習プランを立てましょう。

学習の基本は、「覚えられる範囲で覚える。理解できた範囲を確実にモノにする」ことです。あとは、いさぎよく寝ましょう。やるべきことをきちんとやって、あとは海馬に任せましょう。しっかりと寝て、海馬の活躍に期待する——これが学習の鉄則です。寝るだけですむのですから楽なものです。

2章―⑥ 夢は学力を養う

寝ること、特に夢を見ることの大切さを説明しましたが、夢が脳に及ぼす作用はまだほ

かにもあります。

たとえば、学習した内容について、少し時間が経つと、より理解が深まったという不思議な経験をしたことはありませんか。それまで勉強してもさっぱりわからなかったことが、ある日突然、目から鱗《うろこ》が落ちたようによく理解できたという経験。または、ピアノのレッスンでどんなに練習してもうまく弾けるようにならない部分があり、そのままフテ寝してしまったけれど、次の朝、ピアノに向かってみたらすらすら弾けたという経験などです。

こうした不思議な現象は「レミニセンス（reminiscence）効果」と呼ばれています。じつはこれも、寝ている間に、記憶がきちんと整理整頓された現象です。夢を見ると、記憶は成長するというわけです。寝かせて熟成するのですから、まるでワインのようですね。

逆に言えば、学習した内容がレミニセンス効果によって十分な効果を発揮するためには、ある程度の時間が必要だということになります。直前に覚えた知識よりも、数日たった知識の方が整理されていて、脳にとっては利用しやすい記憶になっているのです。

もちろん、レミニセンスを期待して寝てばかりいる怠け者になってはダメですが、日々の勉強を効果的にするために睡眠をはさむことはとても大切なのです。

人生とは物語のようなものだ。重要なのはどんなに長いかということではなく、どんなに良いかということだ。

セネカ（古代ローマの哲学者）

体験談②：究極の英単語暗記法

私の英単語の暗記法です。まず書店で英単語集をパラパラとめくり、知らない単語ばかり出て来るものはパスしました。最後までやりきる自信がなかったからです。半分以上知っている単語が並んでいるものを選びました。それも見出し語が大きな字で書いてあって、パッと目に飛び込んでくる、自分好みのデザインのものにしました。

一日に二ページずつ覚えることにして、前もって単語集の左上の余白に覚える日を書き込み、実行したら○で囲んでいきました。新しい単語を覚えるのは寝る前だけにしました。

そして、夜覚えた新しい単語について、登校時と下校時の二回、通学の電車の中でチェックすることにしました。私は、これを高一の一学期から始めたのですが、ちょうど夏休みに入るころに一通り終わったので、夏休み中は付属の音源を使って全部復習しました。

二学期に入ると、授業で読む英文の95パーセントは知っている単語ばかりになっていました！　もちろん複雑な構文が出てくると詰まってしまうのですが、単語力だけで内容の

大筋はつかめるし、第一、ほとんど辞書を引かなくて良いので、どんどん読めて英語が得意科目になりました。（高2・長崎）

著者からのコメント

全体的に効率の良い勉強法であると言えますね。勉強には「意欲」が大切なことは言うまでもありませんが、この勉強法には意欲を持続するための細かい心配りが見てとれます。単語集に限らず、参考書選びは第一印象が重要です。はじめにパラパラとめくってみて、自分と相性が良さそうなものを選ぶようにしましょう。相性の良い参考書を使えば、勉強への意欲が削がれずにすみます。

一方で、目前の目標を高く設定しすぎない点にも好感がもてます。「夢は大きい方が良い」とよく言いますが、日頃の勉強においては決してそんなことはありません。目標に到達したときの達成感は、脳のA10神経と呼ばれる場所をほどよく刺激します。小刻みな達成感は、意欲を長期的に高めてくれるでしょう。

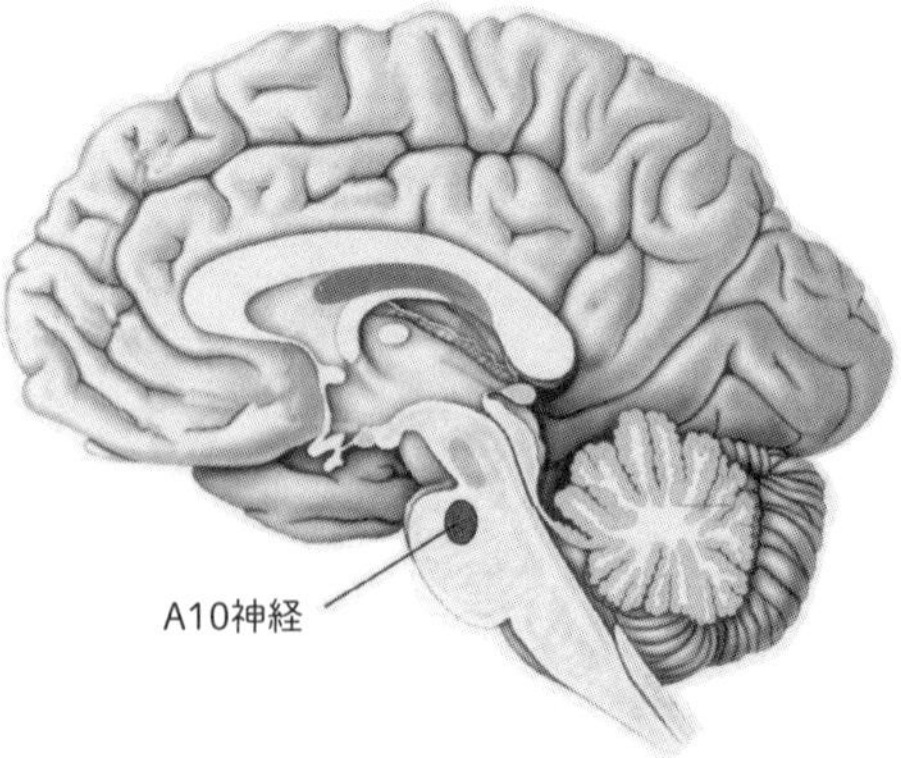

だから、一日二ページずつという無理のない勉強量はとても妥当な計画であると思います。また、実行したら○で囲むのも良い習慣ですね。自分のやるべきこと、やってきたことを明確に示すことは、意欲を持続する上で有利に働くでしょう。

またこの体験談で、もっとも素晴らしいと感じたことは、登下校の空き時間を利用して復習をしていることです。「復習」は勉学においては大切な鉄則なのです。にもかかわらず多くの学生は「遊びや部活にも時間を割きたいから」「ほかに勉強しなければならないことがあるから」などと、復習の優先順位を低くしているようです。

しかしこの体験談のように、ちょっとした工夫とアイデアで時間はいくらでも作り出せるはずなのです。勉強は復習重視と頭を切り換えましょう。私の個人的な感覚では、予習、学習、復習の比率は¼：1：4程度が適度だと考えています。

体験談③：個別映像授業VS生授業

私の通っている予備校は、基本的に映像授業です。あらかじめ計画を立てて受講の時間を予約することが多いですが、変更もできるので、部活が長引いてしまった日なんかは、生の授業でないのでかえって安心です。

しかも、パソコンやタブレットで授業を見れるので、自分のペースで授業を止めたり、一通り見たあとでもう一度、わかりにくかったところだけを見直したりすることができます。たいてい三回くらいはしつこく見ます。その都度、新しい発見があったりするので。ただし、何度でも見たくなるような講師の授業じゃないとウンザリですけど……。（高2・宮城）

著者からのコメント

映像授業はとても効率が良いと思います。ただし、ふつうの授業形式と違って能動的な参加型になりますので、それを活かすも殺すも本人しだいということになります。

この体験談のように、同じビデオを三回見る習慣にはとても感心します。脳研究的にみても、やはり復習効果を出すためには最低三回は見る必要があるからです。ただし、それをどのような期間で三回見ているかが重要ですね。一日にまとめて三回見るよりも、たとえば一週間おきに三回見る方が良い効果があげられます。

せっかく利点の多い映像授業ですから、計画を立てて最大限に活用しましょう。詳しい復習スケジュールに関しては、本文を参考にしてください。

体験談④：合否はバイオリズムが決めている？

時間に追われず集中できる夜が好きで、深夜に勉強をしていたのですが、入試は朝から昼にあるので、思い切って朝型に変えました。最初は眠かったけど、冷たい水で顔を洗って、水を一杯飲んでから始めるようにしました。

しばらくすると、新しいリズムに体も頭も順応してきて勉強がはかどってきました。入試の一週間前には、同じ曜日同じ時刻に合わせて試験会場まで行ってみました。入試の当日、極力よけいな神経を使わなくてすむようにするためです。

人それぞれにバイオリズムというのがあるそうですが、入試に受かる・落ちるは案外、実力以上にそういうものが関連しているのではないだろうかと思います。その人のバイオリズムがピークに達したときに受けた大学は受かって、どん底のときに受けた大学は落ちるというふうになっているんじゃないか、と思うほどです。（高3・香川）

著者からのコメント

バイオリズム（生体周期）の存在は科学的に証明されています。スポーツを見ていても、それがわかるでしょう。どんなに優秀な選手でもスランプは必ずあります。調子の善し悪しの波です。こうしたバイオリズムの波は、ほぼ一定の周期で繰り返されています。

ただし、バイオリズムは一種類ではなく、その周期には長短さまざまなものがあります。まばたきや心臓の拍動、呼吸リズムなどの秒レベルのもの、朝起きて夜寝るという日周のリズム、生理周期のような一ヵ月程度のリズム、秋の食欲などの年レベルのリズム、さらにもっと長い何年という周期の存在も確認されています。そのいくつかについては脳メカニズムが解明されています。

リズムのすべてが絶頂期に重なると、人はふだん思う以上の能力を出すことができます。オリンピック選手の中には、四年に一回の大会に向け、自分のさまざまなバイオリズムのピークを合わせるように訓練する人もいます。

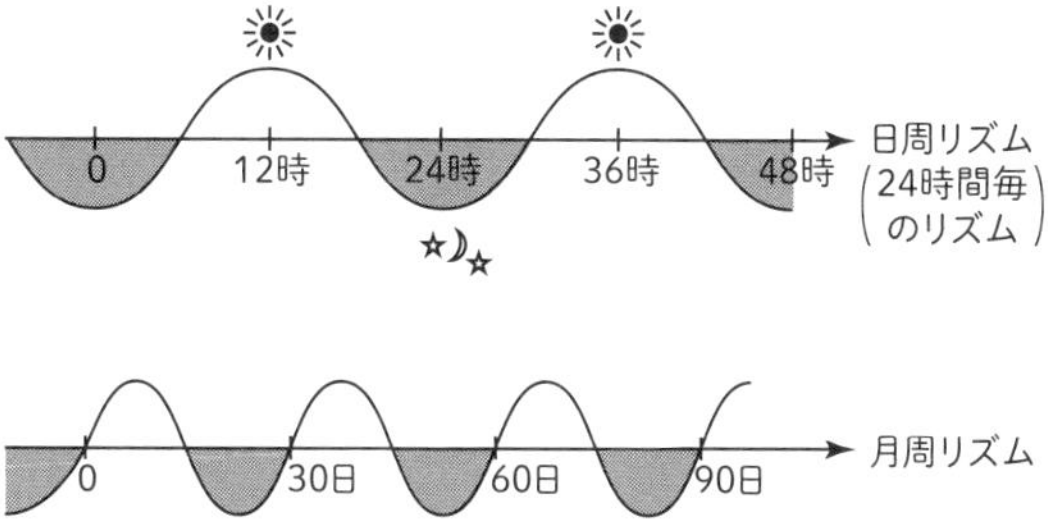

もちろん、そのためには自分のバイオリズムをしっかりと把握することが肝心です。皆さんにとって特に大切なバイオリズムは、言うまでもなくサーカディアンリズム（日周リズム）でしょう。この波がしっかりと試験の時間帯に合わないと、実力を発揮できないまま試験が終わってしまうという悲劇が起こります。ちなみに、サーカディアンリズムは朝にリセットされますから、リズムがずれているなと感じたら、朝の起床後に冷たい水で顔を洗って、太陽や明るい蛍光灯などの光を浴びて、しっかりとリセットしましょう。

また、「入試の一週間前には、同じ曜日、同じ時刻に合わせて試験会場まで行ってみた」というのは、バイオリズムとは関係ありませんが、脳の予測機能を利用したおもしろいテクニックだと思います。このような予行演習をすることで、脳は無意識にその日の予定行動を設定しますので、試験当日にテスト以外の要因で受ける精神的なストレスを減らすことができるでしょう。

脳心理学コラム2：チャンキング法・レム睡眠・バイオリズム

①チャンキング法

突然ですが、次の九桁の数字を覚えてみてください。

853972641

そして三十秒後に覚えているかチェックしてみましょう。こうした意味のない数字をただ暗記するのは、語呂合わせでも使わない限りなかなか難しいでしょう。しかし、電話番号のように途中にハイフンを入れると

853—972—641

となってグーンと覚えやすくなります。このようにものごとを小グループ化すると記憶がしやすくなることを「チャンキング法」と言います。

勉強においてもグループ化はとても大切な作業です。たとえば、英熟語を覚えるときも、散漫に覚えていたのでは効率良くありません。むしろ、「get at」「get out」「get over」「get up」のように"get"でまとめてみたり、逆に「get at」「arrive at」「look at」「stay at」など"at"でまとめてみたりして、分類することが大切です。覚えたい対象をていねいに整理整頓するのです。

また、計算間違いなどのケアレスミスで、うっかりテストの点数を下げてしまう人がいますが、計算ミスが多い人ほど筆算が乱雑で整理されていないという事実を知っているでしょうか。

勉学においては、知識や情報の整理整頓が重要な作業であることを心得ておきましょう。

②レム睡眠

　寝ている間のことですから、皆さんはあまり意識していないでしょうが、睡眠にはリズムがあります。「浅い眠り」と「深い眠り」が周期的に交互に繰り返されているのです。だいたい九十分くらいの周期です。浅い眠りのときには、本人は眠っているにもかかわらず目をキョロキョロさせています。これは「レム睡眠」という睡眠状態で、眼球が動くのは夢を見ているからだと考える研究者もいます。

　さて、この浅い眠りと深い眠りは、寝ている間に何度か（ふつう四〜六回ほど）繰り返されて、十分な睡眠時間に達すると、浅い眠りの期間が終わったときに自然に目覚めます。ところが、目覚まし時計などで深い眠りのときに強制的に起こされると、寝起きが悪く、頭がボーッとします。しかも、この朦朧《もうろう》とした意識が一日中続いてしまいかねないから大変です。もし、これがテストの日だったら一大事ですね。

　スッキリとした頭脳で一日を過ごすためにも、適切な瞬間に目覚めるように心がけたいですね。睡眠の周期は人によって微妙に異なりますので、自分のリズムを把握しておくことが大切です。そして、ふだんから、同じ時間に寝て、同じ時間に起床するように、一日のリズムをしっかりと作っておきましょう。

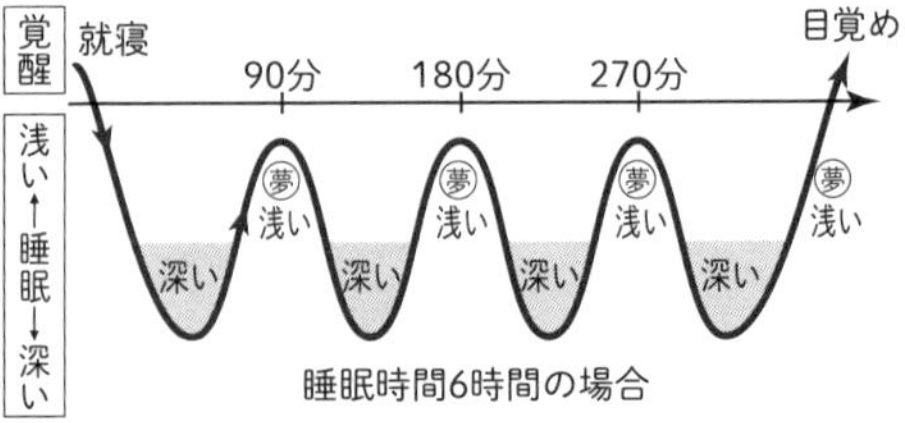

睡眠時間6時間の場合

③バイオリズム

朝、昼、夜のうち、どの時間帯に勉強をしていますか。

ヒトの体にはリズムがあり、細胞はそれぞれ決まった時間に活動をします。一日ごとの生活リズムは「サーカディアンリズム（日周リズム）」と呼ばれ、これは脳の「視交差上核」でコントロールされています。

もちろん、朝型人間・夜型人間など、人それぞれに言い分はあるでしょうが、入試は朝から行われることを忘れてはいけません。真夜中に勉強するのが習慣となっている人は、テストのたびに朝型に変える必要があります。ちょうど海外旅行の「時差ボケ」のようなものですね。

じつは、時差ボケになると、海馬の神経新生が半分になり、記憶力が低下してしまいます。

テスト中の時差ボケをなくし、海馬の神経細胞を守るためにも、やはりなるべく朝から勉強したいところですね。

これは、週末の過ごし方にも関係します。たとえば、休みだからといって、朝遅くまで寝ている人がいますが、これでは自ら時差ボケを作り、脳を虐げていることになります。休日も平日と同じ時間に起きるべきなのです。どうしても眠ければ、二度寝ではなく昼寝をすると良いでしょう。

ところでバイオリズムには、一日単位だけではなく、一週間単位、月単位、年単位などさまざまなものがあります。一週間単位のリズムで言えば、学習効率が高まるのは金曜日と土曜日であると報告されています。「金曜日効果」と呼ばれる現象です。理由はまだ科学的にはきちんと解明されていませんが、週末は遊ばずに勉強するのが吉かもしれません。

第3章
海馬とLTP

3章—① なぜ復習が必要なのか

この章では、海馬の神経細胞の性質から、脳の記憶について考えてみましょう。神経細胞一つひとつが持っている性質を知ることは、効果的な勉強法を考える上で大きなヒントになります。なぜなら、脳の機能は神経細胞によって作られているからです。なかでも、海馬の神経細胞の性質を理解できれば、より効率良く記憶する方法を身につけられると思いませんか。

私は、大学院時代に「海馬と記憶」の研究を行って博士号を取りました。いわば海馬の博士です。そこで、この章では専門家ならではの知識をもとに海馬の性質の話をしましょう。実際に、海馬の神経細胞にはおもしろい性質が多く備わっています。その代表的な例がＬＴＰです。まず、このＬＴＰとは何かについて説明しましょう。

近年の脳研究では、かつては考えられなかったような高度な実験が可能になっています。たとえば、ヒトや動物の神経細胞の活動を記録しつつ、同時に神経細胞を刺激することさ

LTPの実験データ

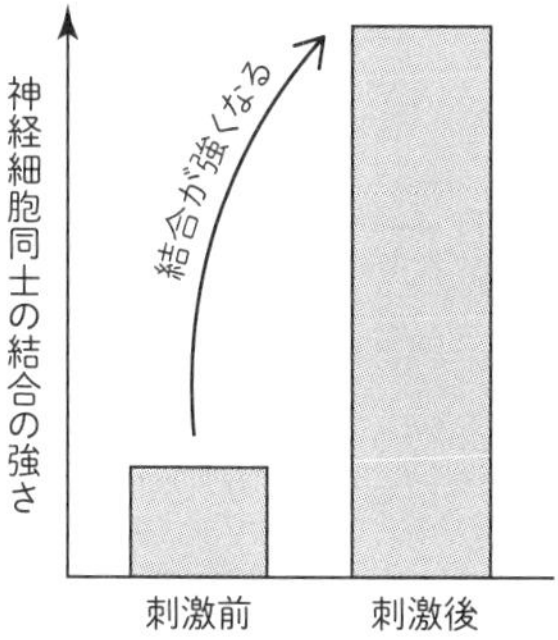

えできるのです。私はこの技術を使って、海馬にそっと細い電極を刺して、海馬を繰り返し刺激してみました。するとどうでしょう。驚いたことに、神経細胞同士の結びつきが強くなったのです。しかも、刺激のあと、ずっと結合度が増強したままでした！　つまり、長期的に神経細胞が活性化されたのです。

　これは「**長期増強**（long-term potentiation）」として知られている現象です。最近ではそのイニシャルをとって**ＬＴＰ**と呼ばれています。この本でもＬＴＰと呼ぶことにしましょう。

　ＬＴＰは脳の「記憶のもと」です。これは簡単な実験で調べることができます。たとえば、薬を与えたり遺伝子を操作したりして脳からＬＴＰをなくしてしまったとき、その動物に何が起こるかをチェックすれば良いわけです。実際、ＬＴＰを阻害された動物は、気の毒なことに記憶ができなくなってしまいます。この結果から、記憶はＬＴＰによって作り上げられていることがわかります。

一方で、ＬＴＰがよく起こるようにした動物では記憶力が高まります。海馬のＬＴＰが頻繁に起きやすい状態になれば、学習能力が向上するというわけです。ということは、ＬＴＰを頻繁に生じさせる方法を発見できれば、私たちの記憶力アップにつながるヒントが見えてくるということになります。

まず、注目すべき点は、**ＬＴＰは神経細胞を繰り返し刺激して生じる現象**だということです。海馬を一回刺激しただけでは、決してＬＴＰは起こりません。何度も何度も刺激してはじめてＬＴＰが生じます。

要するに、海馬の神経細胞そのものが繰り返しの刺激、つまり「復習」を必要としているのです。神経細胞それ自体がそうなのですから、私たちに復習が必要なことはもはや避けられません。運命なのです。復習もしないで何かを習得しようという態度は、脳研究的に見ても、間違った姿勢だと言えます。

ただし、「とにかく復習をたくさんしなくてはいけないのか…」とガッカリするのはまだ早いでしょう。問題なのは、繰り返し（復習）を必要とするという事実ではなく、この繰り返す刺激（復習）の回数を、なんとかして効率良く減らすことができないだろうかと考えることです。

実際に、**刺激を繰り返す回数を少なくすませる秘策**があります。この方法を利用すると、より簡単にＬＴＰを引き起こすことができます。つまり、効率の良い勉強法のヒントがそこに隠されているというわけです。それでは、その方法について二つの秘訣を説明していきましょう。

3章―② 秘訣一 ワクワク童心で成績向上

ＬＴＰを起こすために繰り返す刺激の回数を減らす秘訣の一つ目は、その刺激をある脳波の出ている状態で与えることです。

脳波というと、おそらく皆さんは「アルファ波」や「ベータ波」を思い浮かべるでしょ

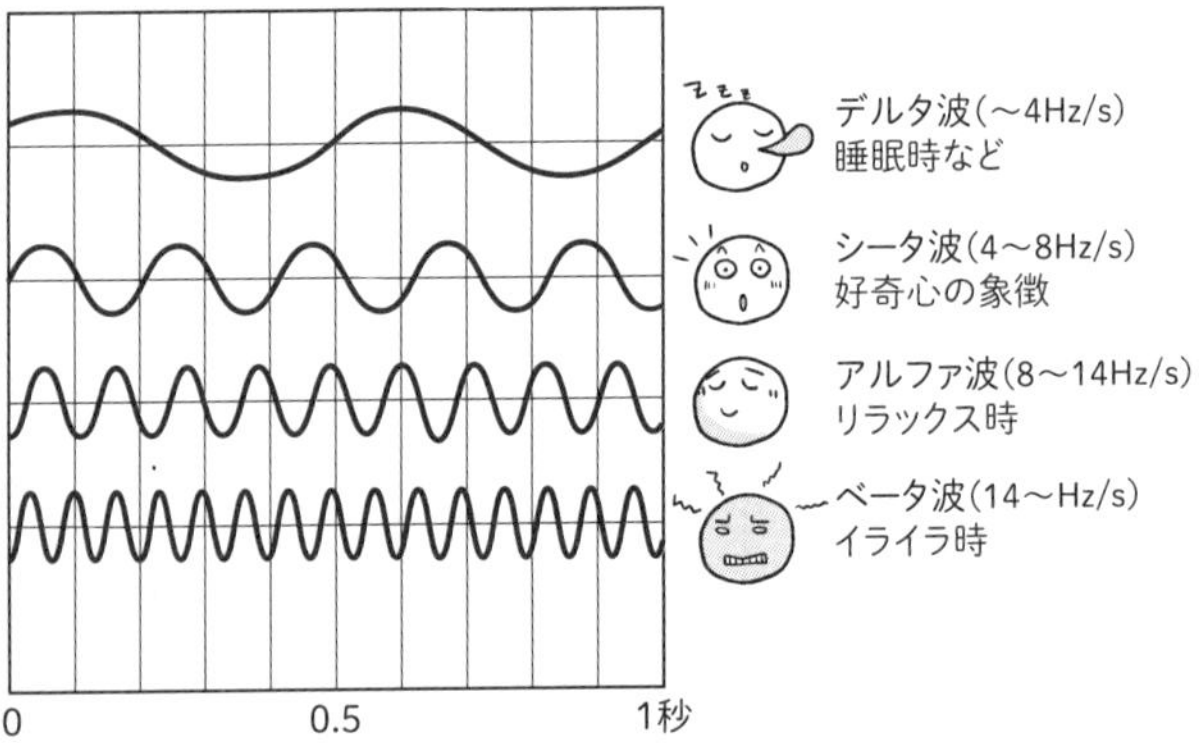

う。リラックスしているときに脳に現れるのがアルファ波だと、どこかで見聞きしたことがあるのではないでしょうか。

しかし、ここでいう脳波は少々異なります。その名は「**シータ波**」。アルファ波やベータ波よりもゆっくりとしたリズムの脳波です。記憶において「シータ波」はもっとも大切な脳波だと言って良いほど重要なものです。

シータ波は「**好奇心**」の象徴です。はじめてのものに出会ったり、未知の場所にきたりすると、脳の中で自然に生じる脳波です。つまり、ワクワクしたり、ドキドキしたりして、好奇心が強く外に向かっている状態です。反対に、飽きたりマンネリ化したりして興味が薄れると、シータ波は消えてしまいます。興味を持って対象に向かうときにシータ波が出るのです。

おもしろいことに、シータ波が出ている海馬では、刺激の回数が少なくてもＬＴＰが起こります。実際、うまく刺激すると、繰り返す回数を八十％から九十％も減らすことが可能です。十分の一の刺激数ですむのです。

これらの事実から、興味を持っているものごとは復習回数が少なくても覚えられるということがうかがえます。確かに興味を持っていること、たとえばアイドルグループのメンバーの名前や、好きなスポーツ選手の名前などは、苦手な教科の知識に比べて、なんとも楽に覚えられますよね。こうした記憶力の増強は、おそらくシータ波のなせるわざでしょう。

さて、ＬＴＰの性質を通して、覚えようとする対象に「いかに興味を持つか」がとても重要なことがわかりました。つまり、勉強を「つまらない」と思ってやると、結局は復習の回数が余分にかかるだけなのです。嫌々やるのは時間のムダです。

「今日は気ノリがしないな」と感じたら、少し休憩をして再度トライしましょう。また、そんな日はいさぎよく寝てしまって、明日への意欲を養うのも良いかもしれません。

ところで、そもそも勉強がおもしろいはずはないと思っている人はいませんか。

それは大きな勘違いです。確かに、テスト自体は決して楽しいものではありませんが、テストのことを考えなければ、どんな対象でもきっと興味を惹かれるところがあるものです。

私は、世の中のものごとはどんな対象であっても、必ず奥深いものだと信じています。外からぼんやり眺めているだけでは、そのおもしろみがわからないというケースはたくさんあります。「ものは試し」と言いますが、やってみてはじめてわかる楽しさがあるのです。しかも、その道を究めれば究めるほど、おもしろさがわかるようになってきます。

だから、もし皆さんが「つまらない」という言葉を口にすることがあるとすれば、それは「私は無知です」と自ら暴露していることになります。

勉強でも同じです。もし、つまらないと感じたとしても、しばらくは我慢して続けてみましょう。そうすれば、きっとその中におもしろさを見つけることができるはずです。そのときには、皆さんの脳が自然とシータ波を出していることでしょう。

心理学者のウエイン・W・ダイアーは次のように言っています。「よし、朝だ！」というのも「あーあ、朝か」というのも、あなたの考え方しだいだ、と。確かにそうですね。同じ朝でも、気の持ちようなのです。シータ波を生み出すためには、いつまでも好奇心旺盛で感動しやすい子どものような心、ワクワクする「童心」が大切なのです。

3章―③　秘訣二　思い出という記憶の正体

より少ない刺激回数でＬＴＰを起こすには、シータ波が効果的であることを説明しましたが、もう一つとても効果的な方法があります。それは「感情」です。私自身が世界に先駆けて発見した現象です。

その方法とは、「**扁桃体**」という脳の神経細胞を活動させることです。

扁桃体は、海馬のすぐ隣にある脳部位です。小指の爪くらいの小さな場所ですが、動物にとってとても大切な役割を担っています。その役割とは、感情を生み出す働きのこと。つまり、扁桃体は喜びや悲しみ、不安などを作っているのです。海馬が記憶工場だとした

扁桃体と海馬

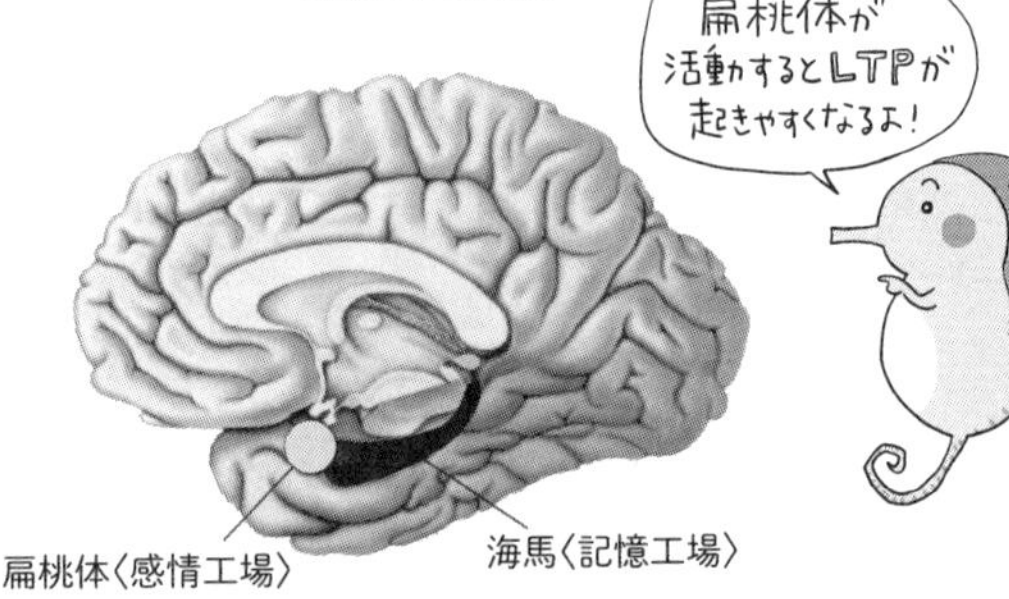
扁桃体が
活動するとLTPが
起きやすくなるよ！
扁桃体〈感情工場〉
海馬〈記憶工場〉

ら、扁桃体は感情の工場にあたります。

扁桃体が活動するとＬＴＰが起きやすくなります。言い換えれば、**感情が盛んなときにはものごとを覚えやすい**ということになります。

言われてみれば確かに、昔のことで記憶に残っている出来事、楽しかった行事や悲しかった事件などは、何らかの感情が絡んでいることが多いと思いませんか。人間は、そうした記憶のことを「思い出」という特別な言葉で呼んで、心の中に大切にしまっています。その実体は、扁桃体が活動したからＬＴＰが起きやすくなったという現象によって説明がつくのです。

さて、ここで「**思い出**」という特別な記憶が、ほかの記憶に比べて、より強く人間の脳に刻まれる理由を考えてみましょう。どうして思い出が心に残る必要があるのでしょうか。それが日常生活において、何か重要な意味を持つのでしょうか。

その理由は、ヒトの生活を観察していただけではわかりません。そうではなく、ヒトが進化の過程で、まだ野山をかけまわる野生動物だったころの原始生活を考えてみなければなりません。扁桃体が記憶力を高めるという現象は、動物たちにとっては命に関わる深い意味があったのです。

現代の都会生活をしているヒトとは違い、大自然の中で生活する動物たちは、常に生命の危機にさらされています。命を落としかねない怖い体験もたくさんするでしょうし、いつ尽きるともしれないエサの心配もしなければなりません。こうした危機を効率良く回避するために、動物たちは、敵に遭遇して感じた恐怖や、エサにありついてうれしかった場所をきちんと脳に記憶しておかねばなりませんでした。

こうした生命に関わる重要な情報をいかにすばやく、つまり復習できる回数が少なくてもしっかりと記憶できるか否かは、動物にとって生命の存続にかかわる重大な問題だったのです。そのための作戦が、「**感情による記憶能力の促進**」でした。だから脳は、扁桃体の活動によって、感情が絡んだ経験をしっかりと覚えていられるように作られているのでしょう。

進化の過程で培われたこの特殊な記憶力は、いまだにヒトの脳に残っています。「思い出作り」というと、なんだか心の温まる人間性あふれる営みのように感じますが、じつは、動物の命をかけた生き残り戦争の名残《なごり》だったのです。

3章—④ 感動的学習法

扁桃体を使った記憶力増強は、動物の進化の過程でじっくりと培われたものですから、その効果はとても強力です。これを利用しない手はないでしょう。

たとえば、「一八一五年、ナポレオンはセント‐ヘレナ島に流された」という教科書上の知識も、それを**単に丸暗記するのではなく、そこに感情を交えて覚えてみてはいかがでしょうか。**数々の作戦に失敗したナポレオンの無念さを実際に思い浮かべ、さらに島流しの刑を、自分自身が罰せられているかのように嘆かわしく思えば、脳はこの知識を自然に記憶しようとします。

わざわざ教科書の内容なんかにいちいち感傷的になって涙するなんてアホらしい気もしますが、私たちの脳には、そういう事実を強く記憶しようとする性質が備わっているのです。生物学的にも理に適っていますし、脳への負担も少ない方法です。このとき、ついでにナポレオンという人物に興味を抱いて、シータ波まで出せればもう完璧です。

ところで、皆さんの周りには、テストが近づくとふだんではとても覚え切れない量の知識を一気に詰め込められる人はいませんか。これは、テストに対する不安感や危機感が扁桃体を活性化して、記憶力が爆発的にアップしている状態です。もちろん、このアクロバティックな方法はすべての人に可能なわけではありませんので、自分にもその能力があるとは思わない方が良いでしょう。

それどころか、すでに述べたように、テスト直前の詰め込みには多くの難点があります。覚えていますか。第2章でご説明した「記憶の干渉」です。無理に詰め込んだ知識は、すぐに消えてなくなってしまうのでしたね。それだけでなく、さらに悪影響があるのです。

それはストレスです。ＬＴＰはストレスには勝てません。強いストレスがかかるとＬＴ

Pは減弱してしまいます。つまり、**記憶力はストレスによって低下してしまう**わけです。この観点から考えても、切羽詰まってのテスト勉強は良くないことがわかりますね。だからといって、テスト前に念入りにプランを練って、余裕のありすぎるスケジュールを立ててしまうのも、また考えものです。緊張感が持続せず、やる気が沈滞してしまうのです。これもまた記憶にとっては好ましくありません。かの文豪シェイクスピアが

「**油断—それが人間のもっとも身近にいる敵である**」

と戯曲を通して語っているように、マンネリ化せず、適度な緊張感を保ちながら、LTPを起こすシータ波（興味）と扁桃体（感情）という二つの秘訣を適切に活用して勉強することが、効率良く学習できるコツなのです。

3章—⑤ ライオン法

最後に、記憶力増強法をもう少し違った観点から説明しましょう。皆さんの勉強に簡単

に応用できるものです。

動物たちは進化の過程で「記憶力」という能力を培ってきたのでしたね。ヒトもまた動物です。その痕跡がヒトにも残っていることを前提にして考えてみましょう。

ＬＴＰを起こりやすくし、情報をすばやく記憶するには、その情報が生命に関わる重要なものであると、海馬に勘違いさせる必要があります。そこで、大自然の中で生きぬくライオンにヒントをもらうのです。私はこの方法を「ライオン法」と呼んでいます。

自分がライオンになったところを想像してみてください。野生のライオンたちにとって、どんなときに記憶が必要になるでしょうか。三つのポイントを挙げてみましょう。

まず、一つ目は「空腹」です。生物にとって「空腹」は危機的状態です。野生のライオンにとって空腹は、飢え死にするかもしれない大変なことです。そこでライオンは、狩りに出かけます。狩りの最中は、まさに記憶力を使う時間です。実際、お腹がすいているときの方が記憶力が高いことが、科学的に証明されています。

これをヒトに応用しましょう。もちろん、あまりにも飢餓状態では良くないですが、朝昼晩の食事前などは、適度に空腹を感じている状況ですから、記憶力が高いはずです。

皆さんは学校から帰宅して寝るまでの間、どのタイミングで勉強をしていますか。夕食をすませたあとに勉強を始める人が多いようですね。帰宅してから夕食までの間は、だらだらと過ごしてしまいがちなのでしょう。しかし、ライオンの例からもわかるように、**夕食前の空腹の時間こそが学習にうってつけの時間帯**なのです。

少し専門的な話をしますと、空腹時にはグレリンというホルモンが胃から放出されます。このグレリンが血流に乗って海馬に達し、ＬＴＰを起こりやすくさせているのです。

一方、食後は満腹になってグレリンが減少するだけでなく、胃や腸などに血液が集中するためでしょうか、頭脳の活動が低下しがちです。狩りを終えたライオンも胃が満たされたら木陰で昼寝をします。私たちも、満腹になると眠くなります。

二つ目は、「歩く」ことです。ライオンは歩いたり走ったりしながら、命がけで狩りをします。海馬が「命に関わる危機」と感じた結果、記憶力が高まります。歩くことが記憶力を高めるスイッチになっているのです。

また、自分の足で歩くと、もっとも効果的なシータ波が出るようです。海馬からはシータ波とリップル波が出ており、シータ波は歩いているときに出て、立ち止まって休んだり、眠ったりするとリップル波に変わります。シータ波は、バスや電車など乗り物による移動中でも出ていることがわかっています。移動しているという事実を脳が感知していれば、シータ波が出るようです。シータ波を出している海馬は記憶入力モードになっています。リップル波を出している海馬は記憶整理モードになっています。

すでに皆さんの中には、歩きながら暗記すると覚えやすいことに気づいていた人がいるかもしれません。私も高校時代は、ダイニングテーブルの周りをグルグルと歩きながら、英単語や年号を覚えていました。机に向かって勉強するよりも効率が良いような気がしていたからです。今思えば、おそらくシータ波のおかげだったのでしょう。ただし、一般道路を歩きながら暗記をするのは、交通事故の危険性が高いので控えてください。特に歩きスマホは厳禁ですよ！

そして、三つ目は「寒さ」です。

空腹や歩行だけでなく、部屋の温度に関してもライオン法を応用できます。一般に、動物は寒いときに危機を感じます。冬になると獲物にありつけないということを本能的に知っているからでしょう。

ということは、部屋の温度は若干低くした方が、学習効率が高まります。夏ならクーラーのよく効いた涼しい部屋で、逆に冬はあまり暖房を効かせすぎない方が良いでしょう。受験前の正月シーズンに、コタツに入って、熱いお茶をすすりながらヌクヌクと勉強するのはあまりおすすめしません。

また、室温が高いと危機感が減るだけではなく、頭部全体の血流が変化し、思考力が低下してしまうようです。脳温と室温にある程度の差がないと、頭はうまく働いてくれないのでしょう。古来言われて来た通り、頭寒足熱《ずかんそくねつ》が原則です。

大自然でのライオンの生き方をヒントにした学習方法として、

ライオン法
①空腹…お腹をすかせて
②歩く…歩きながら　　勉強する
③寒さ…寒い場所で

を取り上げてみました。皆さんも独自に工夫して、さまざまな場面で応用してみてください。意外な効果が現れるでしょう。もし、良い方法を思いついたら、ぜひ私にも教えてください。このライオン法は、動物の長い長い進化の過程で培われた性質を利用した記憶方法です。効果は保証されていると言って良いでしょう。

人は、教育がつけばつくほど、ますます好奇心が強くなる

ルソー（フランスの啓蒙思想家）

体験談⑤：お笑いタレントって頭が良いの？

テレビに出ているお笑いタレントは、高学歴芸人の人以外は、どう見ても秀才には見えません。それなのにどうして、あんなに長いコントのセリフが覚えられるのでしょうか。彼らは頭が良さそうには見えないけれど、本当は文字通りタレント（才能）たっぷりの人たちだということですか？

それにしても納得がいかないのは、いつも英単語テストでクラス最下位の友人が、この前の文化祭では一時間以上もある演劇で主役をこなしたことです。誰かが幕のウラでセリフを教えていたのではないかと思うくらいなんです。夏休みの半分はつぶしたと言っていましたが、あのセリフの分量は英単語一五〇〇語以上ですよ！

〝好きこそものの上手なれ〟のことわざの意味は重いってことでしょうか。（高3・大分）

著者からのコメント

テレビに出演するタレントは、裏では血のにじむような苦労をしています。それを表に見せないのがタレントの仕事なのです。ローマは一日にして成らず。どんな能力も努力の賜物です。その成果だけをうらやましがるのなら誰にでもできます。努力の足りないタレントは売れないし、仮に売れたとしても一発屋にすぎません。

また、「好き」という感情が生み出す効果は、脳研究的にみても絶大です。好きなことをするという行為は、いわば自分に与える「報酬」、すなわち快感なのです。このとき、A10神経と呼ばれる脳部位が活動し、さらに集中力や意欲を高めることができます。この状態が長い期間続けば、脳に対する効果はもはや計り知れないほどです。「潜在能力が引き出される」とよく言いますが、それは脳自身が脳にもたらした特恵効果（参照：脳心理学コラム4）なのです。

体験談⑥：自分は何のために勉強しているのだろう？

小さいころからずっと母親に「どんな授業もまじめに受けなさい。そうでないと、先生に失礼だ」と言われ、それを正しいと信じてきました。

ところが高二のとき、文系・理系の進路選択を迫られて、ハタと「自分は何のために勉強しているんだろう」と思うようになり、それから半年間、勉強に身が入らなくなりました。模試で良い成績をとろうとか、難関大学に合格しようと必死で勉強している友達がうらやましい気もしたのですが、目先の目標よりももっと本質的な、勉強する目的自体を失った私は、以前のように情熱を傾けることができませんでした。

半月ほど前のこと、私の通っている予備校で職業適性検査を受けました。その結果、私にはじっくりと腰をすえて取り組む研究職に適性があるという結果が、偏差値八十七という極端な数値で出ました。なんとなく良いなと感じていた分野に適性があるとわかったことがうれしかったし、それだけでなく、私にも自分を活かせる職業があり、今やっている

勉強もその基礎固めになっていると感じて、超スランプを脱出しました。(高2・東京)

著者からのコメント

すでに研究職に就いている私としては、そういう目標を持ってもらえることは個人的にもうれしいことです。

確かに高校二年生のころは、いわゆる中だるみの時期でもあるせいか、人生についてさまざまな側面から、その価値を考えこんでしまいます。かくいう私自身もそうでした。

もちろん、そうした思索期は、子ども時代から脱却して自己を確立するための重要な精神過程かもしれませんが、現状や将来の展望に絶望的な考えを抱き意欲を失ってしまう学生も少なくないようです。この体験談のように、人生の目標を見つけることができた人は幸せだと思います。逆に言えば、高二という不安定な時期は、もっとも学力差がつく時期であるとも言えます。

もし「自分は何のために勉強しているのだろう」と疑問に思うことがあったら、この本の「おわりに」を読んでみてください。

体験談⑦：暗記の天才の秘密

友達に暗記の天才がいます。東大の理Ⅲに現役で合格したやつなんですが、たとえば日本史年表を見ていると、なんとなく「この天皇の名前を覚えてみよう」という気になるらしいんです。そして、神武天皇から今上天皇まで百二十六代の天皇の名前をなんと二時間で覚えたそうです。みんなの前で「神武―綏靖―安寧―懿徳―孝昭……」と、ものの一分足らずで披露しました。

みんな、「あいつは人間じゃない」とか「こんなやつといっしょにやってらんねぇ」と言っていました。あとで彼にどうやって覚えたのか聞いたら、そいつはこう言いました。

「覚えるのが楽しくてしょうがない」と。

「暗記が楽しい」という人間に、僕ははじめて会いました。変わり者だけど、見習うべき

か…。僕はこれまで、「暗記は嫌なもの、苦しいもの」と決めつけていたような気がして、ハッとしました。（東大・1年）

著者からのコメント

勉強や丸暗記を含めて、何事でも楽しんでできれば、それに越したことはないですね。扁桃体や側坐核などの脳部位で生まれる「楽しい」「快い」という感情は、大脳の覚醒レベルを高め、意欲を強くし、ものごとに対して集中する力を与えると考えられています。さらに、中隔野という脳部位が海馬にシータ波を起こさせて記憶力を高めます。良いことずくめなのです。

ところで「記憶」とは、口の狭い空のペットボトルに水をためる行為であると想像してください。ペットボトルは大量の水をたくわえることができますが、ボトルの口径は小さいですから、たとえばバケツに水を汲んできて、それをペットボトルの上にバシャーッとひっくり返しても、効率良く水をためることはできないでしょう。ほとんどの水はボトル

扁桃体と中隔野

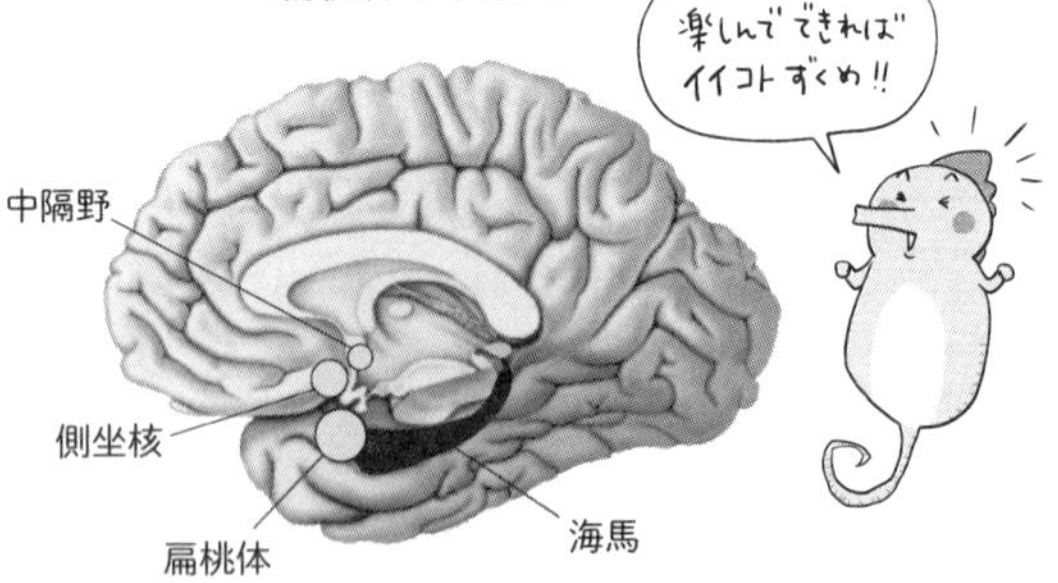

の外にこぼれてムダになってしまいます。このように、一度にたくさんの情報を脳にむやみに詰め込もうとしても限界があります。ほとんどの知識は身につかないはずです。

しかし、バケツではなくコップを使ってペットボトルに水を注ぐとか、ロートを使うなどの工夫をすれば、効率良く水を入れることができます。つまり、暗記術にもコツがあるのです。せっかく身近に暗記の天才がいるのなら、ぜひともそのコツを聞いてみてはどうでしょうか。何らかの秘訣がなければ、それだけの量を暗記できるはずがないのですから。

ただし、本当に重要なことは、「暗記する」という行為そのものではなく、たくわえた知識やノウハウを今後の人生で「いかに活かすか」であることを忘れてはいけません。

体験談⑧：受験恐怖症

僕は中学受験でも、高校受験でも失敗しました。だから、どんなことが起きても合格できるだけの実力をつけておこうと頑張っています。でも、どんなに頑張っても、どんなに模試で良い成績をとっても、本番の入試になるとどうしても失敗しそうな気がするんです。

同じ兄弟なのに兄はまったく正反対です。高校も大学も模試でD判定だったのに合格しました。兄はずっと野球をやっているので、「本番の入試は、三年間汗と泥にまみれて練習してきた成果を発揮できる甲子園だと思うと、早くその日が来ないかとワクワクする。甲子園を楽しむという気持ちでやったら、テスト中にいろんなことを思い出した」と言ってました。なんともうらやましい性格です。（高2・千葉）

著者からのコメント

これは発想の転換をするのが一番です。とは言っても一朝一夕にできるものではないですから、勉強とは関係のないところで、ポジティブシンキングの自己啓発をしてみるのが良いかもしれません。

また、「あがり症」の人は場数を踏むことが良い薬となります。模試だけではなく、実際の受験として数をこなすということです。志望校を一つに絞らずに、志望大学を複数にして受験すると良いでしょう。また、大学受験に限らず、英検などの資格試験にも積極的にチャレンジして、試験本番であがらないような自分なりの心の準備方法を身につけてください。

こんな実験結果があります。テストの直前の十分間に、次の試験科目のどの部分にどのような不安を抱いているかを具体的に書き出してもらいました。すると、緊張感がほぐれ、十%ほど点数が向上したのです。このとき、試験に関係ないことを書いても効果はありませんでした。「不安な気持ちを正直に吐き出す」ことが重要なのです。あがり症に悩む人には、ぜひ試してほしい方法です。

試験中の姿勢にも気をつけましょう。同じ作業をするとき、背筋を伸ばして行う方が、猫背で行うよりも自信を持てるという実験結果があるのです。

いずれにしても、大切なことは「自信」です。もちろん、本当に自分に自信がある人は、それほど多くないはずです。でも、自信には確信や根拠なんてなくても良いんです。「自分はできるんだ！」と自己暗示をかけるのです。スポーツ選手がよく使う心理作戦ですね。

脳心理学コラム3：情動喚起

自分の過去の記憶を思い返してみると、楽しかったことや辛かったことなど、感情が絡んだ記憶が多いことに気づくでしょう。いわゆる「思い出」と呼ばれる記憶です。喜怒哀楽などの感情は、脳の奥深くに潜むアーモンド状の形をした「扁桃体」という脳部位から生まれます。扁桃体が活動して感情が高まると、その神経信号が「思い出」という記憶を作り出します。つまり、喜怒哀楽など感情の起こっているときには、記憶が形成されやすくなるのです。ということは、扁桃体を使うと暗記しやすくなるというわけですね。

しかし、扁桃体の効果はそれだけではありません。扁桃体が活動すると「記憶力」だけでなく、なんと、「集中力」まで高まるのです。扁桃体は、前頭葉（大脳皮質の一部）にも信号を送って、ものごとに対する集中力を持続させます。つまり、感情を呼び起こしてくれるものは飽きにくいのです。映画でも小説でも同じですね。感動しているときは飽きずに最後まで鑑賞できます。こうした効果を「エモーショナル・アラウザル（情動喚起）」と言います。

飽きないように勉強を続けるためには、感情を高めるような工夫をすれば良いのです。たとえば、語呂合わせを作るときには、ひたすらオヤジギャグに走るとか。おもしろいイラストを描いて覚えていくとか。内容もさることながら、エモーショナル・アラウザル法とはどういうものかということを実体験するのにも最適です。

第4章

ファジーな脳

4章―① 記憶の本質

この章では、動物の脳が持っている基本的な性質を学び、それを活かした最適な学習方法を考えてみましょう。

ダーウィンが唱えた「進化論」を知っていますか。ヒトは、聖書に書かれているような神が創ったものではなく、原始的な動物から少しずつ進化して、高度な動物に成長したという学説です。ダーウィンによれば、微生物も昆虫もヒトもすべての生き物は、同じ起源を持っていることになります。

「脳」という体の一部をとってみても、これは当てはまります。脳は、はじめは虫のような小さな動物の中で生まれました。しだいに複雑な機能が付け足され、だんだんサイズも大きくなって、最終的にヒトの脳が完成したのです。ヒトの脳も起源をたどれば、より原始的な動物の脳にその原型があると言えます。つまり、ヒトの脳の「本質」は動物の脳の中にあるということです。

さて、ここからが重要です。虫や動物の脳は、ヒトの脳よりも単純です。動物たちの脳は、生命に重要な部分が、脳機能の半分を占めているのです。だから、動物の脳の性質をしっかり観察すれば、ヒトではうまく観察できない「脳の本質」が見えてくることになります。

ヒトの脳には、生命維持の目的とは直接関係のない高度な能力が多く備わっているので、その本質が隠れてしまいがちです。そのため、ヒトの脳を眺めているだけでは、実体は理解できないのです。そこで研究者は、研究材料としてヒト以外の動物をよく使います。ナメクジのような虫から、サルのようなヒトに近い動物までさまざまですが、ここではイヌを使った実験を紹介しましょう。イヌの学習をみていると、脳の意外な側面が見えてきます。

4章―② 失敗にめげない前向きな姿勢が大切

イヌを飼った経験がある人なら知っていると思いますが、この動物はなかなか利口で、複雑なことでも学習できます。

ただし、イヌにものを覚えさせるには何か報酬が必要です。エサをあげるとか、散歩に連れて行くとか、撫《な》でてあげるとか、そうしたイヌが喜ぶような報酬です。ここでは、エサをご褒美にして、一つ課題を出してみましょう。

左ページの図のような装置を用意しました。まず、イヌに画面を見せます。この画面の脇にはボタンが付いています。この装置は、画面に「丸い図形」が点灯したときにボタンを押すと、ご馳走がもらえる仕組みになっているのです。ヒトにとってはとても簡単な装置ですが、イヌにはちょっと難しい課題です。なぜなら、エサの入手方法を「言葉」で説明してあげることができないからです。逆に、だからこそ、脳の「学習」の本質が見えて

パッ
①丸い図形が
←点灯したら
カチッ
②ボタンを
←押す
ゴトン
③エサが
出てくる!→

くるわけです。

さあ、装置の前のこのイヌは、どうやってご褒美にありつくのでしょうか。イヌが学習していく過程を観察することで、とてもおもしろい記憶の秘密がわかってきました。

イヌの世界は、ヒトのような高度な文明が発達しているわけではありません。もちろん、これも生まれてはじめて見る装置です。目の前のボタンがどんな意味を持つのかも知りません。いや、ボタンはそもそも押すものであることさえも知らないのです。しかも画面には、突然に丸い図形が点灯します。まさに、戸惑うばかりです。

そんなあるとき、偶然にボタンが押されて、おいしいエサが出てきました。単なる偶然です。しかしこの偶然が何回か続けば、イヌは「ボタンを押すこと」と「エサをもらえること」に関係があることに気づきます。ここまでが学習の初めのステップです。

つまり、**学習とは「ものごとの関連性を習得すること」**だと言えますね。今まで独立していた事象が、頭の中でつながることが学習の正体なのです。この課題では、ボタンとエサの関係ですが、たとえば、英単語の暗記でも同じことです。「go」＝「行く」というように、英語と日本語の結びつけを行うことこそが、まさに「学習」なのです。

さて、学習の最初のステップをクリアしたイヌは、次にどんな行動をとるでしょうか。ボタンとエサの関連に気づくと、イヌはエサほしさにボタンを何度もひたすら押すようになります。しかし、ボタンを押したからといって、いつでもエサがもらえるわけではありません。なぜならこの装置では、画面に図形が点灯していないときには、ボタンを押してもエサが出てこない仕組みになっているからです。イヌは何度か失敗を繰り返すうちに、この事実に気づきます。

そして、ついに画面点灯とボタンの関係を理解して、イヌはこの学習課題をこなせるようになります。覚えるまでに何十回、何百回という試行錯誤を繰り返します。ああでもない、こうでもない、とさまざまな失敗をして、その結果、画面点灯とボタンの関係に気づくのです。いきなり成功することは絶対にありません。失敗した原因への疑問とその解決策を考えながら、答えを導くのです。

つまり、一つの成功を導き出すためには、それだけ多くの失敗が必要なのです。こうした数多くの失敗がなければ正しい記憶はできません。「失敗しない人は常に何事もなしえない」（フェルプス）との言葉通り、**記憶とは「失敗」と「繰り返し」によって形成され強化されるもの**なのです。

皆さんの勉強に関してもまったく同じことが言えます。繰り返すこと、つまり「復習」が大切だということはすでに述べましたが、それと同時に「失敗」することもまた重要なのです。つまり、問題を解き間違えたり、ケアレスミスをしたり、テストで悪い点数をとったりすることです。

失敗したら、そのたびに次の手を考えて、そしてまた失敗して、また解決策を考えて……といった具合です。失敗数が多ければ多いほど記憶は正確で確実なものになっていきます。

偶然が重なって、たまたまテストで良い点数をとったとしても、それはその後のあなたにとって何の得にもなりません。

ですから、もし皆さんがテストで悪い点数をとってしまっても、クヨクヨする必要はありません。むしろ得したと思い直すことです。失敗したら、なぜ失敗したのかに疑問を持ってその原因を解明し、その解決策を考えることが肝心です。イヌたちも失敗してもクヨクヨせず、いつも次の手段を考えています。その姿勢こそがより早く正解にたどり着く秘訣です。

そうです！　何度も失敗し、そのたびに解決策を打ち立てる。消去法で自己修正していくのが脳の姿なのです。だから、「反省を活かすこと」と「楽天性」の両方を併せ持つことが、学習において重要なのです。

4章―③　コンピュータと脳の違いとは

第1章で説明したように、脳もコンピュータも情報を「保存（記憶）」することができます。

しかし、イヌの実験を通して皆さんが知ることができた脳の性質は、コンピュータとはずいぶん異なるようです。なぜなら皆さんもよく知っているように、コンピュータは一回の記憶で完全に学習できます。コンピュータで書いた文章やグラフィック、ゲームのデータなどは、一回のセーブできちんと保存できます。しかも、間違えません。

先ほどイヌに出したような課題は、コンピュータなら楽にこなせます。たとえば、ロボットに内蔵されたコンピュータのプログラムに「画面に丸い図形が点灯したらボタンを押しなさい」と指令すれば、イヌのように何度も試行錯誤することなく、すぐに任務を果たします。ミスはしません。たった一回の学習で正解を完璧に覚えることができるのです。

ちょっと専門的になりますが、ここで脳の神経回路とコンピュータの電気回路の違いをはっきりさせておかなければなりません。

すでに述べたように、コンピュータはすべての情報を0と1のデジタル信号に置き換えて処理します。そして、片っ端から何でもかんでも保存することができます。言われた通りにきちんと保存するので、白か黒か、○か×か、決して間違うことはありません。

ところがヒトの脳は忘れっぽいばかりか、判断が曖昧《あいまい》で、答えをしょっちゅう間違えて

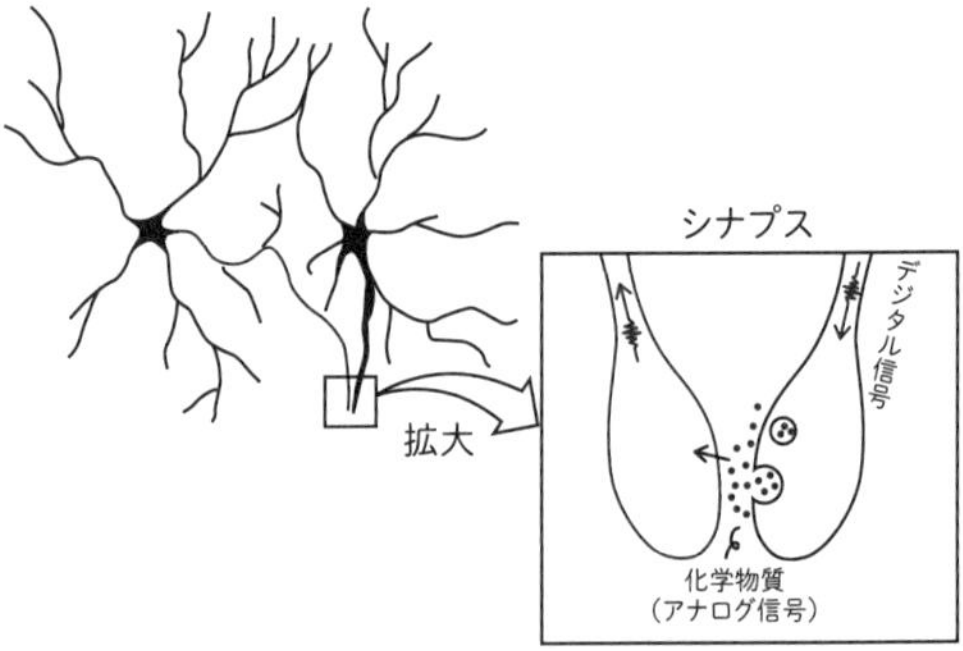

化学物質の量で信号の強弱が決まる！

しまいます。どうも、脳とコンピュータは情報処理の仕方が異なるようです。その仕組みを説明していきたいと思います。

脳の神経回路の中を流れるのは、コンピュータと同じ電気信号です。ただし、コンピュータの信号は電子の流れであるのに対して、神経の信号はイオン（ナトリウムイオン）です。しかし、どちらもデジタル信号なので、発信元の情報が伝播途中で変化しない点は同じです。

しかし、ここから先が違います。ヒトの神経細胞同士は神経線維で回路を作っていますが、個々の線維は物理的には接していません。神経回路は、電気回路のように回路全体がつながっている連続体ではなく、線維と線維の間には、わずかながらすき間があります。

ですから線維を伝わってきた電気は、その継ぎ目で次の神経細胞へ乗り換えをしなければなりません。たとえば、青森から博多まで鉄道で行こうとするとき、直通の電車や新幹線がないので、途中の駅で乗り継ぎをしなければならないというようなものです。

神経回路では、この乗換駅のことを「シナプス」と呼びます。シナプスの間隔は髪の毛の五千分の一ほどの狭いすき間ですが、離れているために電気は通らないのです。

このすき間は、アセチルコリンとかグルタミン酸といった化学物質によって、電気信号が置き換えられて情報をバトンタッチしています。その際、もし電気信号が弱いと、化学物質が少ししか放出されないため、情報が「翻訳」されてしまいます。つまり、シナプスだけはデジタル信号ではなくて、アナログ信号になっているのです！

コンピュータのように、すべて0か1かのデジタル信号で何でも機械的に忠実に信号を伝える方が良いはずなのに、幸か不幸か人間の神経では**シナプスでアナログ信号が使われている**のです。

じつは、これこそが、脳がコンピュータとは違って、信号を伝える強さを微妙に調整できる原理となっています。リレー選手のように、受け取ったバトンを**そのまま単純に次に受け渡すのではなくて、送る情報量を自由に選択できる**のです。それが「考える」ことの源泉です。

一方で、アナログ信号を使うということは、情報が変わりうることを意味しています。つまり曖昧になってしまうのです。

このような性質を持っている脳では、正解を導くためには試行錯誤が必要になります。失敗をして、その原因を考えつつ、次の作戦を考え、そしてまた失敗をして……という具合です。

もう、わかったでしょう。脳の記憶はアナログ信号を基盤にしているために、一回で覚え切るより、むしろ**「消去法」を得意とする**のです。デジタル信号のように情報を機械的に保存するのではなく、あれはダメ、これも違うとどんどん間違いを消していって、正解を残すという方法です。野生の世界では何が待ち構えているか予測できません。何が正解かわからない動物たちの生活では、アナログな消去法が理に適っていたにちがいありません。

ヒトにとっても同じです。学習に必要な要素は、

・失敗に負けない根気
・解決する能力
・楽天的な性格

なのです。ここまで読んで、再び落胆した皆さんもいるかもしれませんね。「なんだよ、結局はそれかよ」と。残念ながら、その通りなのです。

しかし、ガッカリするのはまだ早いようです。イヌの学習を早くする方法があるのです。それこそが効率的な学習方法の秘訣になります。

4章―④ 自分の学力を客観的に評価しよう

イヌに、エサを取得する方法を早く覚えさせるための秘策とは何でしょう。

それは簡単なことです。教える手順を分解すれば良いのです。要するに、学習をステップごとに分けて、少しずつ覚えさせるわけです。

先にも述べたように、いきなり装置の前にイヌを座らせて画面を点灯し、エサとボタンとの関係を学習させようと試みても、そう簡単に覚えてくれるものではありません。何百回もミスをしてしまうイヌもいます。なぜでしょうか。それは、この課題には因果関係が二つあるからです。つまり、「ボタンを押せばエサが出る」という関係と、「丸い図形が点灯したらボタンを押す」という関係の二つです。

先に、「学習とはものごとの関連性に気づくことである」と言いました。独立していた事象を連結することでしたね。今回のイヌの課題は、二つの関連学習を同時にやらせていることになります。

二兎を追う者は一兎をも得ず。二つのことを一度に覚えるのがイヌにとって難しいのはあたり前でしょう。そこで、効果的に覚えさせるために、この二つの手順を分解して、一つずつていねいにイヌに教えるようにします。

まずは、画面の点灯とは関係なく、ボタンを押しさえすればエサが出てくるように設定

手順を分解して覚えさせる!
①ボタンを押せばエサが出る
カチッ
ゴトン
②丸い図形が点灯したらボタンを押す
パッ
カチッ
ゴトン

した装置の前で、課題を完全に覚えさせます。そして、これを学習したあとで、画面に丸い図形が出たときにだけエサが出るような設定に変えて、画面点灯とエサとの関係をじっくりと覚えさせれば良いわけです。このようにすれば、イヌの学習が格段に早くなります。

二つの関係を同時に覚えさせるのではなくて、一つひとつの段階に分けて覚えさせるのは、一見遠回りのように見えますが、実際には格段に学習効率が高いのです。このイヌの実験の場合だと、覚えるまでの失敗数は、段階を分けなかったときに比べて十分の一くらいになります。**たった二つにステップを切り離して覚えるだけで、なんと学習効率が十倍にもアップする**のです。

これはもちろん、皆さんの学校の勉強にも応用できます。

いくら非効率に感じられても、きちんと学習手順を踏んだ方が、結果的には失敗の数が少なくてすむということです。いきなり高度なことに手を出してはいけません。しっかりと基礎を身につけてから、少しずつ難易度を上げていった方が、最終的にははるかに早く習得できるのです。

このように手順を分けて覚える方法を「**スモールステップ法**」と言います。ステップを分解すればしただけ、効果は大きくなります。イヌではたった二つに分解しただけでも、十倍の成績が得られました。さらに細かく分解できるようであれば、もはやその効果は計り知れません。

実際、学校の教科書は基礎から応用へと流れるようなステップで進行されています。しかし、書店で売っている参考書には、さまざまなレベルのものがありますから注意が必要でしょう。一年生がいきなり受験生用の参考書に手を出すのは無謀です。早く高度なことを習得したいという向上心は認めますが、急がば回れ。それは決して効果的な勉強法ではありません。かえって遠回りになるのです。

スポーツでも楽器でもそうですね。何か新しいものを習うときには、必ず手順があります。サッカーボールを蹴ったこともないのに、いきなりオーバーヘッドキックの練習から始めても、習得には時間がかかるでしょう。いや、ケガをして何ヵ月も進歩が止まってしまうかもしれません。自分が今どこまでできて、どこからができないのかを正確に把握して、その弱点を少しずつ克服するように心がけましょう。

「人間のもっとも偉大な力とは、その人の一番の弱点を克服したところから生まれてくるものである」とアメリカの識者レターマンが語っているように、何よりもまず、自分の学力レベルをしっかりと見極めることが大切です。

もし数学が苦手で、その学力がまだ小学生レベルであったとしたら、高校生向けの教科書や参考書を使って勉強したところで、チンプンカンプンなはずです。どんなに努力してもほとんど数学の成績は上がらないでしょう。そういう場合は、高校生であることのプライドは捨てて、小学生用の算数ドリルを解くことから始めるべきです。そうすれば、最終的に費やす勉強時間は少なくてすみますし、学習時間に見合った成果が得られます。

まずは自分の弱点を知る。そして、その弱点を少しずつ克服する。遠くからゴールだけ

を眺めて気ばかり焦るのは絶対に禁物です。常にスモールステップ法を心がけるようにしましょう。「やるべきことは、遠くにぼんやり見えるものを見ることではなく、手近にはっきり見えるものを行うことである」とは、史学者カーライルの言葉です。大きな目標だけではなく、達成しやすい小さな目標を作って、少しずつ前に進んでいくのが、脳にとって効率の良い方法です。自分のできるレベル、できる量を見極めて、小さな一歩を積み重ねていきましょう。

先ほど、神経細胞のシナプスには、どのくらいの情報を次に送るべきかを考え、変更できる自由があると述べました。

脳はコンピュータのように、そっくりそのままを送ったり保存したりするのではなく、「似ているもの」を覚えるために「似ていないもの」を消去していきます。そのために、脳はコンピュータと違ってしょっちゅう間違えるのです。まさに「人間らしい」存在ですね。「わかる」とはどういう状態のことか。「分かる」は取りも直さず「分けられる」のことです。だから、皆さんは「わからない、わからない」と嘆く暇があったら、「分ける」ことです。わかるところまで遡《さかのぼ》って、そこからやり直すのです。

「分からない」のは「分けられない」ことだから、とにかく小さく小さく刻むことです。そう、スモールステップが最善最短なのです。大局をつかんで、それを大きくいくつかに切って、さらにそれを小さく刻む。一つひとつ手順を踏んで積み上げていくことが大切です。

勉学とは、いわばレンガを積んで少しずつ家を建てるようなものです。ハリボテの家は風がくれば吹き飛んでしまいますが、レンガで造られた家はそう簡単には崩れません。

4章—⑤ 記憶はもともと曖昧なもの

スモールステップ法は学習を効率化する方法です。

手順を踏むことで成績が上昇するというこの事実は、コンピュータの記憶とはまったく異なります。コンピュータは、それがたとえ多段階で複雑な手順でも、試行錯誤することなく一回の記憶で完全に習得することができます。しかも驚くほど正確無比です。一方、脳は、失敗を重ねて一つひとつの手順を踏まなければなりません。

こうして考えると、コンピュータの記憶力はなんと素晴らしいのだろうとうらやましくなってきます。逆に、ヒトの脳がどうして「消去法」などというマヌケな学習方法をとっているのかと恨めしくさえ感じます。そのせいで、テスト前に思い通りに記憶できなくて苦い思いをするのですから。

動物は進化の過程で、なぜこんなに不完全な脳を創ってしまったのでしょうか。

ここからは、この理由を考えていきましょう。脳のこうしたちょっぴりマヌケな性質には、じつに深い理由があるのです。

その理由を探るために、イヌの実験にもどりたいと思います。イヌに新たな課題を出してみましょう。画面に点灯する図形を変えてみるのです。今までは「丸い図形」を画面に点灯させていました。「丸い図形が見えたときにボタンを押せば、エサがもらえる」ということを教えていましたね。では、次に「丸い図形」に換えて「三角形」を点灯させてみましょう。さて、どうなるでしょう。イヌは三角形を見るのははじめてです。

しかし、イヌは三角形を見ても、いっさい動じることなくボタンを押します。一見何の変哲もないこの実験結果には、脳の本質に関する重要な事実が隠されています。

この実験結果は、イヌにとっては円形であろうと三角形であろうと関係なかったことを示しています。あくまでも画面の点灯に反応していただけだったのです。

これが、脳がコンピュータと異なる最大の点です。コンピュータにとっては円形と三角形では大違いです。コンピュータに「画面に丸い図形が点灯したらボタンを押しなさい」と教えこんだら、三角形が点灯したときには反応しません。記憶が正確なのですから。

そう言われてみれば、「お手」や「お回り」などの芸ができるイヌは、なにもそれを習うときに聞いていた声色《こわいろ》でなくても、ほかの人に「お手」と言われれば芸をこなすことができますね。声色は誰のものでも良いのです。脳の記憶はコンピュータとくらべて、かなり大ざっぱでいい加減であると言えます。丸も三角も区別していないのです。

一般に、記憶とは厳密なものではなく、むしろかなり曖昧で適当です。これこそが脳の記憶の「本質」なのです。それでは次に、この本質の意味について考えてみましょう。

4章—⑥ 失敗したら後悔ではなく反省を

脳の記憶の本質はその「曖昧さ」にあります。実際、イヌの実験では丸も三角も区別しませんでしたね。

しかし見方を変えると、むしろ区別する必要がなかったから、あえて区別しなかったとも解釈できます。脳の学習は、コンピュータとは違ってあくまで「消去法」です。つまり学習の過程で、三角形を消去することを習っていなかったのです。

コンピュータのように正解だけを覚える方法なら、はじめから三角形は候補から外れて

コンピュータの場合
正解は●デス！
▲は●ではないから
不正解デス！
ブップー
シュビッ
コンピュータは正確だけど融通が利かない！
脳の場合
正解は●とは聞いたけど
▲が不正解とは
聞いてないし～
▲もアリじゃないの？
脳は曖昧だけど柔軟！

います。だから、三角形が画面に点灯しても無視します。

コンピュータの仕事は正確無比なのです。ミスなく完璧に情報を処理します。悪く言えば、頭が固いわけです。融通の利かない紋切型の仕事です。

考えてみてください。もし、エサを食べないと死んでしまうという、絶体絶命の危機的な状況だったら、これは一大事ですね。イヌのような記憶の仕方だったら三角形でもエサにありつくことができます。しかし、コンピュータのような覚え方では餓死してしまうのがオチです。

そうなのです。記憶の曖昧さは、生命にとって実効的な意味を持っているのです。

私たちが生活している環境は日々刻々と変化し

ています。変化する環境の中で動物が生きるためには、過去の「記憶」を頼りに、その場その場で臨機応変にさまざまな判断をしながら生活する必要があります。まったく同じ状況は二度と来ないのがふつうです。もしも記憶が正確無比だったら、変化を続ける環境の中では、活かすことのできない無意味な知識になってしまいます。

だから、記憶には厳密さよりもむしろ曖昧さや柔軟性が必要とされるのです。ほどよく曖昧であることが重要なのです。こうした柔軟性があるからこそ、何度失敗してもそれを活かして成功に導くことができます。これは私たちの脳に与えられた尊重すべき特長です。「似ているもの」を覚えるために「似ていないもの」を削除していくという、なんとも手間のかかる消去法が脳に使われている理由は、まさにここにあったのです。

ですから、皆さんは自分が正確にものを覚えられなかったからといって、もちろん落ち込む必要などありません。脳とは本来そういうものなのです。どんなに学習しても、記憶には必ずどこかに曖昧な部分が残っているのです。「失敗には達人というものがいない。人は誰でも失敗の前には凡人だ」と作家プーシキンも語っているように、どんなに学問を究めても失敗は決してなくなりません。二十年以上も脳研究を専門にやってきた私も、いまだに毎日が失敗の連続です。

失敗は恥ずかしいことではありません。失敗をむやみに恐れる必要はありません。失敗して「後悔」することではなく、失敗して「反省」することが大切なのです。

記憶が曖昧になってしまったり、ときに消えてしまったりすることは、脳の性質上、ある程度は仕方がありません。これはそういうものだと割り切るしかないのです。コンピュータのような正確無比な脳は、動物の「脳」としては役に立たないでしょう。「何でも正確に記憶して、いつまでも忘れないのが優れた脳である」という妄想は誤解にすぎません。人間とは、本来忘れたり間違ったりするものなのです。その欠点を補うために、人はコンピュータを開発したのです。

4章―⑦大まかにとらえてから細部を理解しよう

脳は曖昧でいい加減なことを説明してきました。それでは、イヌは画面に映った円形と三角形を、永遠に区別できないのでしょうか。

もちろん、そんなことはありません。しっかりと区別させることができます。さて、どうすれば良いでしょう。

答えは簡単です。円形のときだけエサを与えるようにすれば良いのです。

もちろんはじめは、イヌは三角形が点灯してもボタンを押してしまうでしょう。課題が変わったことを理解していませんから当然です。しかしこの失敗を何度か繰り返すと、三角形ではエサがもらえないことに気づきます。すると、今度は三角形を無視して、円形の点灯のときだけ反応するようになります。つまり、円と三角形の区別ができたわけです。

あとは同じような訓練を繰り返せば、「円形と四角形」や「円形と五角形」の区別もつくようになります。これもスモールステップ法ですね。最終的には「円」と「微妙な楕円《だえん》」の違いすら見分けることが可能になるでしょう。しかし、もともと図形の区別ができないイヌに、いきなり円と楕円を見分ける訓練をさせても、いつまで経ってもその違いを見分けるようにはなりません。

この事実もまた重要です。要するに、違いの大きいものを区別できるようになってからでないと、違いの小さいものを区別できるようにならないのです。

「勉学は道路のようだ。一番の近道はふつう一番悪い道だ」と哲学者ベーコンが語っています。遠回りにも思えますが、円と楕円の違いを学習するためには、まず円と三角形の区別を覚える方が結果としては早く学習できます。脳は曖昧な記憶方法をとっているため、こうした段階的なステップを踏むことが必要になります。細かいものごとの差を知るためには、まず一度、大きくものごとをとらえて理解することが大切なのです。

これは勉強にも応用できます。何かを学習しようとする場合には、まずは全体像をしっかりと理解しておくことが大切です。はじめは細部を気にしなくても良いですから、とにかく全体を大まかに把握しましょう。細かいことはそのあとで少しずつ覚えていけば良いのです。どっちみち記憶はもともと曖昧ですから、はじめは似ているものの区別はできません。

たとえば、西洋絵画に興味がない人には、どの油絵も同じように見えてしまうでしょう。ルネッサンス絵画だの印象派絵画だの言われても、さっぱりわかりません。しかし興味を持って絵画を見つめていると、そのうちに目が慣れてきて、ルネッサンス絵画と印象派絵画の区別ができるようになります。さらに研鑽《けんさん》すれば、モネやルノアールやゴッホなどの印象派画家の各々の差まで区別ができるようになります。

野球観戦でもそうです。何度もテレビ中継を見て、しだいに目が慣れてくれば、ピッチャーの投げたボールがストレートだったのかスライダーだったのか、見分けがつくようになります。野球を見たことのない人が、いきなりこの判定をしようと思ってもとても無理な話です。

いずれにしても、その人が特別に優れた脳を持っていたから絵画や球種の細かい区別ができたというわけではありません。それに見合った努力と訓練をしてきたからこそ理解できたのです。こうした細かい判別は大から小へと順を追って訓練さえ積めば、誰にでも可能なことなのです。

勉強でも同じことが言えます。たとえば、日本史を習うときのことを考えてみましょう。

皆さんは、ある特定の時代の細部をいきなり理解しようとしてはいけません。はじめて習うのに、いきなり細かいことまでわかるはずがないからです。もし、この原則を破って、いきなり平安時代のある細部を勉強したとしても、そこで得た情報は所詮、理解の浅い知識です。それは、全体から切り離された断片的な情報は、十分には役立ちません。そんな

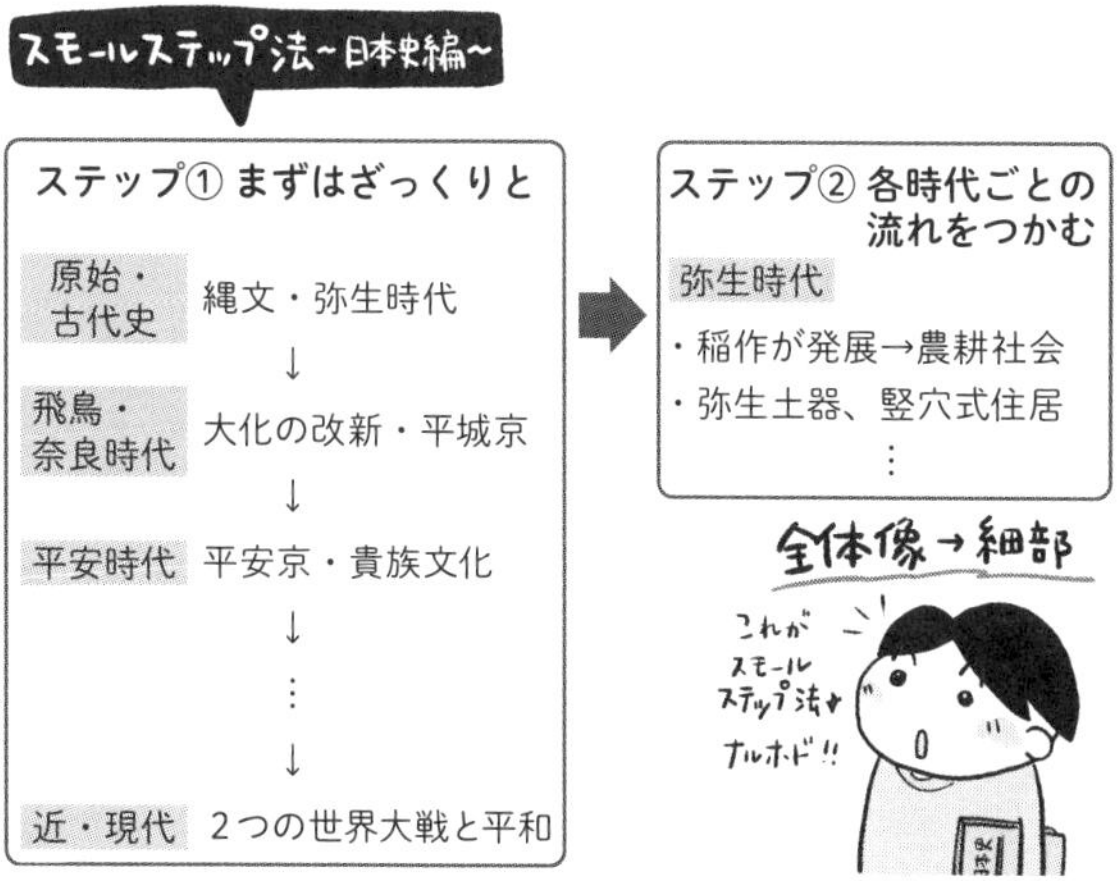
スモールステップ法～日本史編～
ステップ① まずはざっくりと
原始・古代史
縄文・弥生時代
↓
飛鳥・奈良時代
大化の改新・平城京
↓
平安時代
平安京・貴族文化
↓
⋮
↓
近・現代
2つの世界大戦と平和
ステップ② 各時代ごとの流れをつかむ
弥生時代
・稲作が発展→農耕社会
・弥生土器、竪穴式住居
⋮
全体像→細部
これが
スモール
ステップ法☆
ナルホド!!

無用な知識は脳の中からすぐに消えてなくなってしまうでしょう。

　これを避けるためには、まず石器時代から現代までの全体像を大局的にとらえて、大きな歴史の流れを把握することが肝心です。それができてから、各時代の内容を少しずつ深めていくべきなのです。細かい部分などは後回しで良いのです。こうした学習方法は決して遠回りではありません。脳の性質に則《のっと》ったとても効果的な方法なのです。

「大きな視点を持つ人間には、小さな失敗はほとんど脅威とならない」と一九世紀イギリスの指導者ディズレーリも言っています。もし皆さんが、有意義な記憶をできるだけ長く脳に留めておきたいと思うのなら、目前の定期テストのことばかりに目を奪われることなく、自分に合った長期的な視点で計画を立てて勉学に臨みましょう。

4章—⑧ まずは得意科目を伸ばそう

これまでのイヌの学習実験を通して、脳の性質のさまざまな側面を考えてきました。ヒトの脳の本質が、動物の脳に隠れていることを実感してもらえたでしょうか。

最後に、もう少しだけイヌの実験の話を続けましょう。なぜなら、「円」と「楕円」の区別ができるようになったイヌをよく観察すると、さらにおもしろいことがわかるからです。円と楕円の区別ができるようになったあとでは、なんと、正方形と長方形の区別までが早く身につくのです。つまり、ある図形の細かい部分が見えてくると、ほかの形の細かいところまで区別できるようになるのです。これも脳の重要な性質です。

そう言われてみれば人間でも、野球がうまい人はソフトボールの上達も早いものです。また、英語をマスターした人はフランス語の習得も楽になります。要するに、**ある分野の**

理解の仕方を覚えると、ほかの分野に対する理解の仕方を助けるのです。勉強でもそうです。ある問題の解法を覚えれば、似たようなパターンの問題に応用することができます。場合によっては科目を越えても有効です。

要するに、ものごとを応用する力が身につくわけです。これもまた、脳が消去法を使っているからこそ可能なことなのです。つまり、要らないものを削っていくという方法は、ものごとの本質（エッセンス）を残すという戦略です。だから、そのエッセンスが共通しているものにはその知識を応用できるのです。こうした高度な適応力は、コンピュータにはとても難しいことでしょう。

こうした現象からも、脳があるものごとを記憶するときには、その対象自体を記憶するだけではなく、同時に対象への**「理解の仕方」もいっしょに記憶している**ことがうかがえます。そして、その理解の仕方を応用して、異なるものごととの間に潜む「法則性」や「共通点」を見つけ出して、ほかの対象をより早くより深く理解することができるというわけです。

この点もまた、学習において重要なポイントになります。一つのことを習得すると、ほかのことを学習する基礎能力も身につくというわけです。なんとも都合の良いことではありませんか。この現象は、「**学習の転移**」と呼ばれています。

しかも重要なのは、**転移の効果は学習のレベルが高くなればなるほど大きくなる**という点です。つまり、多くのことを記憶して使いこなされた脳ほど、さらに使える脳となるわけです。使えば使うほど故障しがちになるコンピュータとは違って、脳は使えば使うほど性能が向上する不思議な学習装置なのです。

勉強で言えば、ある科目のどこかの部分を十分に理解すると、ほかの部分も理解しやすくなります。もちろん記憶も正確になります。再び日本史の例で考えてみましょう。全体像をきちんと把握した上で、まずは縄文時代を細かいところまでしっかりと理解したとします。すると、平安時代の理解も多少やさしくなるということです。いきなり平安時代を理解するよりも、費やす時間が格段に少なくてすむはずです。このようにして、ほかの時代についても少しずつ制覇していけば、最終的には日本史全体を究めることができるようになります。

さらに日本史を十分にマスターすれば、今度は世界史の習得も容易になります。そして、その効果は、社会だけでなく国語、英語、数学へと広がっていくでしょう。

どの科目でも優秀な成績をとることができる学業の優れた人は、一つの科目すらもマスターしていない人から見ると大天才に見えます。しかし、それはいろいろな科目の学習能力が、転移し合った結果そう見えているだけのことなのです。決して生まれつき頭が良いわけではありません。能力は遺伝だけでは決まらないのです。

逆に言えば、皆さんもある科目をマスターしさえすれば、比較的容易にほかの科目の成績を上げることができるということになります。どの科目も均等に勉強して、平均的に成績アップを狙う方法よりも、一つの科目を集中して勉強して、まずはそれを究めてしまう方が、長い目で見れば得策なのです。

目前に定期テストが迫っていると、赤点逃れのためにすべての科目に力を注いでしまいがちです。定期テスト前はそれも仕方がないでしょう。しかし、ふだんの勉強では、一つの科目になるべく多くの時間を割いて、その科目をしっかりと習得できるように心がけるのが良いでしょう。

まずは、何でもいいから得意科目を一つ作ることです。誰にも負けない得意科目を作ってから、ほかの科目の習得に挑む方が脳研究的にははるかに効果的です。

すべてを得んとするものは、すべてを失うものである。

山名宗全（武将）

体験談⑨：ハイレベル参考書VS七割はクリアできそうな参考書

受験勉強に出遅れた感があったのでいきなりハイレベルの参考書を買ったのですが、全然わからなくてちっとも進みませんでした。そこで、今度は書店でパラパラと立ち読みして、七割くらいできそうな問題が並んでいる問題集を買ってきて二週間でやりきりました。すると、なんと偏差値が十も上がったんです。二冊目の問題集を買ったおかげで九五〇円損をしたけれど、思い切って買い替えてよかったです。（高3・愛知）

著者からのコメント

そうですね。自分に合った問題レベルの参考書を選ぶことは、とても大切なポイントです。目標ばかり高く掲げて、難しい問題集の前に悶々としている人を時々見かけますが、あまり感心しません。自信をなくす原因にもなりかねませんし、時間のムダであると言っても良いでしょう。

どんな場合でも、お金には代えられない貴重なものがあると認識してください。ただ、この体験談の場合は、はじめに買った参考書は、将来、自分がそのレベルに達したときに使えるので、損したなんてことはありませんよ。いずれにしても、現在の自分の状態に対する判断を誤らないことが重要です。詳しくは、本文中の「スモールステップ法」の項を参考にしてください。

体験談⑩：アメとガムで脳にパワーを

先輩から、大学入試にはぜひアメかガムを持って行けと教わりました。なんでも、脳はやたらにエネルギーを食うらしいのですが、一番エネルギーに換えやすいブドウ糖がベストだと言うのです。アメは、化学的にいうとショ糖で、ブドウ糖の分子が二つくっついたものだから、なめれば即、脳を働かせるエネルギーになるという理屈だそうです。

ガムは噛んでいると頭が冴える。それは、奥歯を噛みしめることによって、脳に送られる振動が脳を目覚めさせると言われました。（高3・大分）

著者からのコメント

ここに書いてくれたことは、だいたい正しいと思います。ただ、ガムは受験中に噛んでも良いのでしょうか。事前に確かめておいた方が無難でしょう。ちなみに、ショ糖は「ブドウ糖が二つ」ではなく、厳密には「ブドウ糖と果糖が一つずつ結合したもの」です。果糖は体に吸収されると、すぐに脳の栄養源であるブドウ糖に変化します。

体験談⑪：教科書の仕上げ順

入試までのタイムスケジュールとして、現代文→古典→数学→英語→理社の順に仕上げていけと先輩が教えてくれました。

それによると、現代文と古典はなるべく早めに始めて、高二の終わりまでにいったんは入試レベルにもっていく。英語は時間がかかるので、高一から入試直前まで、継続して勉強せざるをえない。数学は、典型的な問題を使って解法パターンを繰り返し暗記すればいいが、難関大学の融合問題や見たこともないような非典型問題になると太刀打ちできない。数学はある程度の問題まではやって、それ以上のレベルは捨て、代わりにほかの科目で稼ぐ。逆に、数学で少しは点をとらないと厳しいというのなら、徹底的にやる必要がある、ということです。

理社はまず、志望校の出題傾向やレベルを調べて、学習範囲を絞り込む。その上で、因果関係や全体の体系や流れをつかみ、ポイントを整理しながら進めていく。そして、最後の三カ月で一気に総復習して入試会場になだれ込むのが良いと言っていました。(高2・福岡)

著者からのコメント

この方は文系なのでしょうか。だとしたら、まず得意科目であるはずの現代文や古典や英語を仕上げて、入試レベルにもっていくという戦略は良さそうです。重要科目を早い段階で確保しておくと、「学習の転移」効果が生じてほかの科目の習得に良い影響を及ぼすだけでなく、精神的な安心感が得られます。直前までどの科目もモノにしていないと、焦り始め、勉強そのものに身が入らないという悪循環に陥ることにもなりかねません。

ただし、勉強する科目の順番を、あまりに明確に決めてしまうのも考えものです。なぜならば、ある科目を一度入試レベルに上げたと言っても、それを維持するための努力も必要ですし、また互いの科目は脳の無意識のレベルで関連していて相互に理解を深め合いますので、各科目を完全に独立させて学習するのが良いとも限りません。

また、理科や社会のような暗記が多い科目を直前に多く残しておくのは、おすすめできません。確かに暗記モノは直前に勉強した方が効果は高いのですが、あまりにも量が多いとむしろ逆効果になります。第2章で説明した「記憶の干渉」が生じるからです。強引な暗記は知識の混乱を招いたり、もしくは十分に記憶できなかったりして、失敗することも多いのです。これらの注意点を考慮に入れて、長期的な学習プランを立てることをおすすめします。

脳心理学コラム4：脳の働きを高める方法

①外発的動機

アシカやサルなどの動物に芸を覚えさせるときは、しばしば「エサ」という報酬を使いますね。こうしたご褒《ほう》美《び》のことを心理学では「外発的動機」と言います。

外発的動機は、勉強においてもよく利用されているようです。「苦手な国語で80点とったら、好きなものを買ってあげる」と親に言われて頑張っている人もいるでしょうし、「テストが終わったら遊園地に行こう」と自分を鼓舞する学生もいるでしょう。

動機が不純で良くないと咎める人がいるようですが、外発的動機を利用する方法は、心理学的には有効な手段であることが広く認知されています。実際に、外発的動機がないと、学習能力がひどく落ちてしまうことが確認されていますし、動物ではまったく学習できなくなってしまうことがふつうです。

ところで、外発的動機のご褒美は、物やお金など目に見えるものである必要はありません。何かをやり遂げたという「達成感」でも良いのです。目標を達成したときに感じる喜びは十分な報酬に値しますから、必ず学習目標を設定すべきでしょう。「目標は高い方が良い」とよく言われますが、これでは達成して報酬を得る回数が減るばかりか、達成できずにむしろ挫折感ばかり味わうことになりかねません。大きな最終目標以外にも、達成可能な小さな目標を随時掲げていくことが大切です。

私は、毎日毎日小刻みな目標を、達成できるような低いレベルで設定して勉学に励んでいます。そんな毎日のささやかな報酬があればこそ、あきらめずに最終目標に向かって進んでいくことができるのです。

②特恵効果

食事のとき、好きなものを先に食べますか、それとも最後に食べますか。

教育心理学の言葉に「特恵効果」というのがあります。「特恵」とは変わった用語ですが、意味していることは簡単です。それは「得意な面を活かして学習する」ことです。苦手な分野をクヨクヨと悩むよりも、得意とする部分を素直に活かす方が、全体として成績の伸びが上昇します。勉強で言えば、どうしてもできない部分には目をつぶってしまうのも得策の一つです。

特恵効果は、こうした長期的な勉学だけでなく、テスト中などの短い時間にも応用できます。つまり、テストの本番では、得意な問題を確実にモノにするために、最初に手をつけるべきでしょう。得意な問題を解いていくうちに自信がつき、やる気や集中力が高まるのは、ごく自然なことです。

なので、好きなものを最後にとっておくのは食事のときだけにしましょう。

ちなみに大学受験では、たとえば大学側が理数系学部で優秀な学生を募集したいとき、「数学と理科を150点満点、国語と社会は75点満点に換算する」といった具合に、科目ごとの重みを変更して合否を決めている入試方法もあります。こういう学部を受験する人は皆、理数科目で良い点数をとるので、じつはあまり差がつきません。結局、大学側の意図に反して、国語と社会が合否の決定打になることが少なくないと聞きます。

特恵効果を利用して、得意科目だけでなく、苦手科目にも取り組めるよう、作戦を立てることも必要かもしれません。

③作業興奮

心の葛藤は勉強中でも常に生じています。「勉強しなきゃいけないのはわかっているけど、どうしてもやる気が出ない」と感じることはありませんか。実際に「やる気」は勉強の原点であると言えるほど重要な要素です。

やる気は、脳の「側坐核」という場所などで作られます。側坐核は直径1センチメートル以下のとても小さな脳部位で、脳の中心近くに存在しています。この側坐核の性質がやっかいなのです。側坐核を活動させるためには、ある程度の刺激が必要なのです。刺激がないと十分な活動をしてくれません。

そのため、何もしない状態で「やる気が出ない」のはあたり前です。刺激を入れなければ側坐核は活動しないので、やる気の出しようがないのです。やる気が出ないときには、まずは何より机に向かって勉強を始めてみましょう。とにかく側坐核を刺激するのです。そうすると、しだいにやる気が生じて勉強に集中できるようになっていきます。まさに、「案ずるより産むが易し」ですね。勉強は始めさえすれば、50％は終わったようなものなのです。

皆さんにも、嫌々ながら掃除を始めたにもかかわらず、そのうちに気分が乗って、部屋をすっかりきれいに片づけてしまったという経験があるでしょう。

こうした現象は心理学者クレペリンによって「作業興奮」と名づけられました。何事でも、始めると、だんだん調子が出て集中できるようになる。これが作業興奮です。側坐核が目を覚ますのには時間がかかります。だから、とにかく机に向かって勉強を始める。そして、始めたらしばらくは中断しない。この姿勢が肝心なのです。

④ブドウ糖

世の中には無類の甘党がいるものです。饅頭さえあれば幸せな人、たらふく食べたあとにさらにケーキを収める別腹《べつばら》を持っている人などなど……。皆さんの周囲にもいませんか。

いわゆる三大栄養素には、「タンパク質」「炭水化物」「脂質」があります。どれも体にとっては重要なものばかりです。しかし、神経細胞が使う栄養は主に「ブドウ糖」。つまり糖分や炭水化物なのです。脳は体の中でもっとも大切な組織に位置づけられているようで、毒などが侵入しないように頑丈に守られています。タンパク質や脂肪でさえうまく脳に入り込めません。少しでも危険性のある物質は、脳には侵入できないのです。つまり、脳が安全だと選んだ栄養素が「ブドウ糖」なのです。

もうおわかりでしょう。ブドウ糖を補給すると、脳の働きが活発になります。

かつては否定する研究者たちがいましたが、私の研究室で確認したところ、確かにブドウ糖で脳が活性化するようです。

また、コーヒーは脳の活動を高めてくれますが、そこに砂糖を入れるとさらに良いでしょう。砂糖は太ると誤解している人がいますが、必ずしもそんなことはありません。高カロリーだからといって、太る原因になるとは限りません。ヒトは主に糖質をエネルギー源としています。ダイエット中でも適度に砂糖はとり続けましょう。

また、受験の前に「勝つ」と縁起をかついでカツを食べる人もいるようですが、カツは肉、つまりタンパク質ですから、脳はこれをすぐには利用できません。むしろ、ゴハンやパンやイモなどの炭水化物を食べる方が吉かもしれません。

⑤初頭努力・終末努力

皆さんの集中力は、どのくらい持続しますか。

30〜60分くらいという人が多いのではないでしょうか。授業時間やテスト時間がその忍耐時間よりも長ければ、集中力は途切れて当然です。

一般に、何かの作業を行うときの集中力は、初めと終わりに特に高くなることが知られています。この現象を、それぞれ「初頭努力」「終末努力」と呼びます。つまり、テスト開始直後は問題を解くことに集中していますし、また試験時間の終了間際も同様に仕事効率が上昇します。しかし、その間の途中の時間はわりと集中力が途絶えがちで、うっかりすると時間をムダにしてしまうことさえあります。「中だるみ」という現象ですね。これでは成績の上昇は望めません。

中だるみを回避する秘策の一つは、テスト時間を前半と後半に分けることです。

たとえば、試験時間が60分だったときには、前半の30分でテストが終わると思い込むのです。そうすれば、初頭努力と終末努力がテストの前後半で各2回ずつ訪れることになります。

すると、ふだんだったら集中力が切れてしまう30分前あたりで、終末努力が起こって集中力が高まります。また、後半戦を始めたばかりの30分過ぎにも、初頭努力によって集中力が高まります。

このようにテスト時間を分割すれば、集中力を長期にわたって分配することができるのです。まさに「時は使いよう」なのですね。

⑥BGM

音楽を聴きながら勉強したことはありますか。いわゆる「ながら勉強」は一般には軽蔑されがちですが、あながち悪いことばかりではありません。まずは、しっかりとBGM（バックグラウンド・ミュージック）の効果を理解することが重要でしょう。

防音壁に囲まれた無音の空間におかれると、動物はふつう集中力を欠き学習能力がてきめんに低下します。気づくか気づかないか程度の小さな音（騒音やBGMなど）がないと、ヒトを含めて動物たちは能力を十分に発揮できないのです。静かすぎる図書館に行くと落ち着きがなくなる人がいますが、それも無音効果によるものかもしれません。

しかし、だからといって、むやみにBGMをかければ良いというわけでもありません。確かにBGMは精神的な緊張を和らげ、退屈感を少なくし、疲労を減らす効果があります。

特に単純な作業の場合は、BGMは集中力を高める効果を発揮します。しかし難問に取り組み、高度な判断を必要としているときにはマイナスになることもあります。

また、BGMの効果は人によっても異なります。一般に、音楽が好きな人には良い効果がありますが、マニアには逆効果ですし、無関心な人にはほとんど影響がありません。ですから、まずは暗記などのような単調作業のときにBGMを流してみて、自分にとって効果があるかどうかを確かめてみましょう。

もし、BGM効果によってよく覚えられたという経験をしたら、同じような学習には同じ曲を使うと良いと思います。これが条件反射となって、テスト中に学習内容を思い出すこともあるのです。BGMは使いようです。

第5章

天才を作る記憶の仕組み

5章——①　記憶の方法を変えよう

さあ、いよいよ最後の章です。ここでは、記憶の種類と性質について説明します。それぞれの記憶の特性を通して、脳の「使い方」を学びましょう。この章では、この本を通じてもっとも強調したいことを展開していきます。それは、脳に秘められた記憶力を駆使するための奥義です。

まず、皆さんが「記憶」に対してどんなイメージを持っているか、ある実験で確認することから始めます。まず、皆さんに自分自身の「過去の記憶」を思い出してもらいましょう。何でもいいですから具体的に思い出してみてください。さて、何を思い出しましたか。

通学中に転んでケガをしたこと。
学校のテストで良い点数をとったこと。
友達との約束を破ってしまったこと。

恋人にフラれたこと。

いろいろなことを思い出しましたね。さらに考え続ければ、次々と思い出せるはずです。まるで自分の記憶には際限がないかのように。

もちろん、思い出す内容は人それぞれでしょう。しかし、人によって記憶の内容はさまざまだったとしても、今思い出してもらった記憶には、ある重要な「共通点」があります。気がつきましたか。

答えは、今思い出した記憶が、どれもすべて自分が経験したことや体験したことであるという点です。

「なんだあ、そんなのあたり前じゃん」と思った人もいるでしょう。しかし、これは驚くべき事実なのです。なぜなら、皆さんの脳にはもっと違う種類の記憶が、ほかにもたくさん詰まっているからです。

たとえば、三角形の面積を求める公式、英単語、円周率、通学路の道順、俳優や歌手の名前など、さまざまな記憶がいっぱい詰まっているでしょう。いわゆる「知識」や「情報」といった類のものです。これも皆さんの過去にたくわえられた立派な記憶のはずですね。

しかし、先ほど、過去の記憶を何でもいいから思い出してくださいと私が要求したときに、こうした知識を思い浮かべた人はいないはずです。おそらく、「円周率は三・一四である」を真っ先に思い出した人はいないでしょう。それだって、同じ過去の記憶であるにもかかわらずです。

つまり、「記憶」と一口に言っても、それは一種類ではないのです。簡単に言ってしまえば、「自由に思い出せる記憶」と「自由には思い出せない記憶」があるのです。

さて、ここで用語を定義しましょう。自由に思い出せる記憶、つまり自分の過去の経験が絡んだ記憶を、この本では「**経験記憶**」と呼ぶことにします。一方、何らかのきっかけがないとうまく思い出せない知識や情報のような記憶を「**知識記憶**」と呼んで区別することにしましょう。

皆さんはきっと「ど忘れ」をしたことがあるでしょう。「う〜ん、何だっけ？　ここまで出かかってるんだけどなあ……」などというのは、ほとんどの場合、人や物の「名前」ではありませんか。そう、これは**知識記憶**ですね。先ほどの実験でもわかるように、知識記

憶は自在に思い出すことはできません。思い出すためには、必ずきっかけが必要です。きっかけが弱いと思い出せなくても不思議ではありません。ど忘れというのは、認知症の始まりではなく、単に、知識記憶だから思い出しにくかっただけのことです。

残念ながら、学校のテストのために覚えなければならないものは、ほとんどが知識記憶です。漢字の読み方、年号や英単語、将軍の名前などなど、これらはすべて知識記憶にほかなりません。知識記憶は、きっかけが十分に与えられないと思い出すことができません。だから、テスト中に焦ることになるのです。

さて、ここまでお話しすれば、テスト勉強をどのようにやれば良いか、皆さんにも察しがついたことでしょう。そうです。テスト範囲の内容を知識記憶ではなく経験記憶として覚えれば良いのです。

経験記憶は、自在に思い出すことができるだけではありません。自分にまつわるエピソードはすんなり覚えられることからもわかるように、覚え込むこと自体が楽なのです。そして何より良いことは、忘れにくいという事実です。知識はすぐに思い出せなくなってしまいますが、経験したことは後々まで比較的よく覚えていられます。知識記憶にくらべて、経験記憶は良いことずくめなのです。

5章——② 想像することが大切

同じ参考書を何度も使っている人は、テストの最中に「おっ、これは何章の何ページ目あたりの絵で説明されていたところだな」などという思い出し方をするようです。皆さんにもそんな経験はありませんか。ときには、参考書とはまったく関係のないことが契機となって、たとえば勉強しながら食べていた菓子の袋の絵柄が思い浮かんできて、「そうだ。

あのときにやったところだ」と思い出すこともあります。

これらの思い出し方はただの偶然のように見えますが、じつは経験記憶を利用した賢い方法なのです。つまり単純な知識記憶でも、個人的な情報や周辺環境に関連づけて覚えれば、経験記憶に近づくというわけです。

このように、覚えたいものの内容をほかの内容と結びつけることを「**連合**」と言います。一つの知識を「家」にたとえるならば、家と家の間に道路を作って連結することを想像してもらえれば良いと思います。すると、知識の「街」ができあがります。

さらに、連合によってものごとを次々に連結し、知識をより豊かな内容にすることを、「**精緻化**《せいちか》」と呼びます。少し難しい言葉ですが、ようは道路を緻密につなげて家から街へ、街から都市へと作り上げるようなものです。知識の都市化計画と言っても良いでしょう。

ここで重要なことに気づいてください。**連合によってものごとを精緻化させると、その分思い出しやすくなる**ということです。

なぜかというと、「思い出す」という行為は、「知識の都市」に住む人が、友人の家（思い出したい知識）を訪ねていくようなものだからです。道路が発達していれば、目的地に

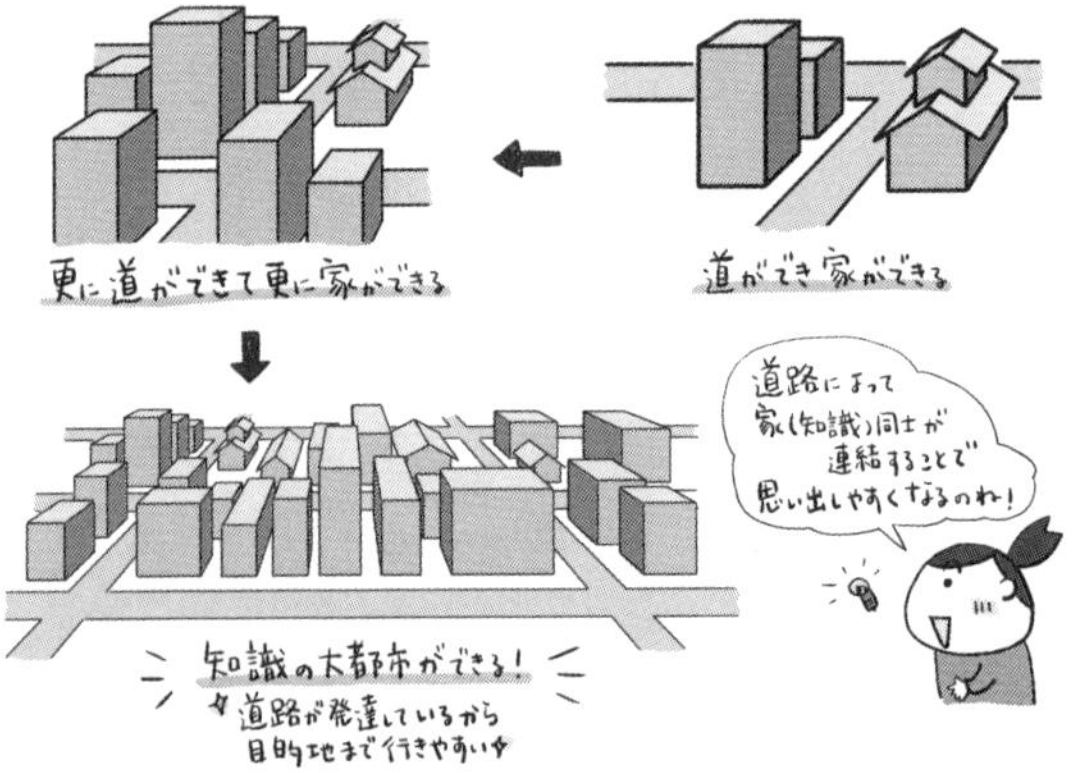
道ができ家ができる
更に道ができて更に家ができる
道路によって家(知識)同士が連結することで思い出しやすくなるのね!
知識の大都市ができる!
道路が発達しているから目的地まで行きやすい

たどり着ける手段が増えますね。つまり、思い出しやすくなるのです。

知識記憶と経験記憶の差はまさにここにあります。田舎の町か大都会かの違いです。過疎地で道路が発達していなかったり、あったとしてもそれが悪路だったりすると、目的地までたどり着きにくいということになります。これが知識記憶を思い出しにくくさせている原因の一つです。

その点、経験記憶は多くの記憶の組み合わせ（綿密な道路網）でできあがっています。たとえば、「今朝、卵焼きを食べた」という単純な経験記憶でさえ、卵焼きの味・匂い・色、そのときの皿の模様、座っている椅子の感覚、食卓を囲む家族との会話などなど、もはや解析できないほど多くの要素が絡み合って一つの記憶を作り上げています。まさに知識の大都市です。思い出しやすくてあたり前なのです。

こうした経験記憶の利点を勉強に利用しない手はないでしょう。

当然、一つのことを記憶するときでも、できるだけ多くのことを連合させた方が良いということになります。連合させればさせるほど思い出しやすくなります。仮にそのきっかけが偶然であっても、思い出す確率が高くなるに越したことはありません。

もちろん英単語を覚えるときも、そのまま丸暗記するのではなく、例文や用法をいっしょに覚える方が役立つ知識になってくれるでしょう。できれば語源もいっしょに覚えたいところです。できる限り意識して精緻化するのです。

「語呂合わせ」もまた、記憶の精緻化としてしばしば用いられます。語呂合わせは邪道だと決めつける人がいますが、そんなことはありません。脳研究的にみれば、じつに効率が良く、脳にとって負担の少ない暗記法なのです。ですから皆さんも気後れすることなく、堂々と語呂合わせを使って暗記しましょう。人の目を気にして恥ずかしいからと、これを利用しなかったら、楽に暗記ができるせっかくの機会を逃していることになります。

ところで語呂合わせを覚えるときには、言葉の音声のリズムやノリだけで覚えるのではなく、意味していることをきちんと「想像」することが大切です。たとえば「なんと（七一〇年）美しい平城京」という語呂合わせも、言葉通りの優雅な風景を具体的に思い浮かべながら覚えるのです。そうすることによって、記憶はさらに精緻化され、補強されていきます。

想像するという行為は、一方で海馬を強烈に刺激します。つまり「想像」には、精緻化と海馬の活性化という二つの利点があるのです。想像すれば想像しただけ、はるかに記憶に残りやすくなります。

スムーズに想像できるようになるには、やはり語呂合わせを自分で作るのが一番良いと思います。自分で作れば、それはそのまま「経験記憶」となりますし、語呂合わせの意味している状況を、自然と想像できるようになります。

もちろん語呂合わせを使わない記憶にも、連合の重要性は当てはまります。ただし、その場合には、単に知識や情報だけの連合にとめるよりも、そこに皆さん自身の想像をできるだけ働かせて、知識をより豊かにして関連づけましょう。

できれば、そこに皆さんの経験をも結びつけて記憶した方が効果は大きいでしょう。なぜなら、自分の体験が記憶に関連すればするほど、経験記憶に近づくからです。

それでは次に、簡単な経験記憶の作り方を紹介しましょう。

5章—③ 覚えたことを人に説明してみよう

もっとも手軽な経験記憶の作り方は、**覚えたい情報を友達や家族に説明してみる**ことです。いったん覚えた記憶を、人に説明するという形で**出力**すると、そこにさまざまなキーワードが絡まって精緻化されます。

そうすれば、「あのときこう説明したぞ」「こんな図を描きながら教えたところだ」といった具合に経験記憶になります。それがきっかけとなって、あとで簡単に思い出すことができるようになるのです。

テレビやネットで見たことを、すぐに人に話したがる人がいますね。ときには知ったかぶりをして、偉そうにしゃべる人さえいます。周りの人には迷惑かもしれませんが、じつは、そうして何度も人に話しているうちに、その知識を確実に自分のものにすることができます。雑学王の人は、ほぼ例外なく、ふだんから「話したがり」です。人に話すことを通じて、たくさんの雑学を身につけていくのでしょう。

もちろん雑学だけでなく、勉強して覚えた内容もどんどん友達や親に説明してみましょう。そうすれば、学習したばかりの知識も、しだいに脳に染みついていきます。覚えた内容を定着させるために、他者への説明が効果的なのは、**脳は知識を詰め込む「入力」よりも、たくわえた情報を使いこなす「出力」を重要視している**からです。説明は、最大の「出力」戦略です。

また、説明することの利点はそれだけではありません。自分が理解できているか、間違っていないかを確かめることができます。自分がきちんと理解できていなかったら、人に説明できるはずがありません。人に説明してみれば、自分が本当に「理解」しているのか、どこまでをきちんと理解していて、何がまだわかっていなかったのかが確認できるのです。

そのためにも説明する相手には、その内容を知らない人を選ぶ方が効果的です。祖父母、弟や妹、後輩などに教えてあげると良いでしょう。身近な人がいなければ、SNSに投稿

人じゃなくてもOK☆
「人に説明する」ことは経験記憶をつくる最大の近道!!
産業革命は18世紀後半にイギリスで始まった変革のこと!蒸気機関の発達によって機械化が進み生産量が高まったんだって!
ぬいぐるみ
ネコ

しても良いですね。もし、人に説明するのがどうしても恥ずかしかったら、ぬいぐるみに向かって説明しても良いのです。

このように、「経験記憶法」は万能に思えますが、残念ながら欠点があります。それは、**経験記憶はしだいに知識記憶に置き換えられてしまう**ことです。放っておくと、せっかくの経験記憶も、いずれは皆さんの体験が削ぎ落とされ、ただの知識記憶になってしまうのです。

よく考えてみれば、どんな知識でもはじめは何か経験があってたくわえられたはずです。ところが時間とともに、経験記憶のエッセンスが色あせて、純粋な知識となっていくのです。経験記憶は気づかないうちに、ただの知識記憶になってしまいます。そうすると、簡単な設問にもかかわらず、テスト中にど忘れしてしまうことになるのです。

もちろんその記憶は脳の中に保存されてはいますが、知識記憶になってしまうと「きっかけ」が十分にないと思い出せないのです。残念ながら、思い出せない記憶では記憶としての意味がありません。テストの点数的には「覚えていない」ことと同じです。

どんな立派な大都市も道路を使っていなければ雑草が生えてきて、ついには廃れてしまいます。ですから、ど忘れしてはいけない重要な知識については、時々人に説明してみて、経験記憶として鍛え直す努力を忘れてはいけません。

5章—④ ウサギ勉強法で声に出して覚えよう

「人に説明する」ことは経験記憶を作る最大の近道だと言いました。説明することが脳にとって良い理由はほかにもあります。それは、説明するときには必ず「声」を出しているということです。

耳を使った学習は、目を使った学習よりも効率が良いという事実を知っているでしょうか。たとえば人に言われて傷ついた言葉などは、いつまでも心に残りますよね。耳の記憶はとても強固なのです。

その秘密は脳の進化の過程にあります。視覚が高度に発達したのは、動物の進化の過程では比較的最近のことです。実際にネズミやイヌやネコなどのホ乳類の視覚はヒトに比べて弱いことが知られていますが、聴覚はよく発達していて、遠くからかすかに聞こえる音を聞き分けることができます。つまり長い進化の道のりで、ホ乳類たちは、目よりもむしろ耳をよく活用して生き延びてきたと言えます。

すでに述べたように、脳はヒトのためだけに生まれたのではありません。動物の進化の過程で少しずつ発達してきて、現在のヒトの脳に到達したのです。日常生活を主に視覚に頼るようになったヒトの脳ですが、いまだに原始的な動物の性質が色濃く残っています。これは、耳の記憶に関しても当てはまります。進化の歴史が長い分、耳の記憶は心によく残るのでしょう。

皆さんも幼少のころに習った歌を今でもよく覚えているでしょう。「ドレミの歌」や「さくらさくら」などの唱歌は、メロディーとともに歌詞まで思い出せるはずです。歌詞はただの知識記憶であるはずなのに、いとも簡単に思い出せます。もしメロディーを歌わないで歌詞だけを思い出せといわれたら、ちょっと苦労すると思います。これこそが聴覚記憶のマジックです。

覚えるときも同じですね。ある曲の歌詞を視覚だけに頼って、文字を眺めて丸暗記しようとしたら大変な時間がかかります。しかし、声に出してメロディーやリズムといっしょに覚えれば、わりと簡単に覚えることができるのです。

こうして考えてみると、いかに耳を使った記憶法が有利であるか納得できるでしょう。皆さんも勉強するときには、見ることだけに頼って覚えようとしないで、ウサギのように耳を使いましょう。

もちろん、目と耳さえ活用すれば良いというわけではありません。人間の体には、さらに多くの感覚があります。それらをできる限り利用する方が良いはずです。学習時には、**手を動かして紙に書き、そして声に出して何度もしゃべりながら記憶する**ように心がけましょう。

たとえば漢字を思い出す実験で、手を動かせないように固定してしまうと、点数が下がってしまうことが知られています。こうした事実からも、記憶が体と密接に関連していることがわかります。手、目、耳などの五感を最大限に活用して、海馬をフルに刺激しながら記憶するのが、学習の近道なのです。

暗記シートで文字を隠して暗記する用語集を使っている人がいますが、この勉強法は眺めるだけの、つまり視覚だけの学習になりがちです。こうした勉強法は、試験直前の要点の再チェックに利用する程度にとどめましょう。

5章—⑤ 記憶の種類と年齢の関係を理解しよう

さて、これまで「知識記憶」と「経験記憶」の二つの記憶について説明してきました。しかし、皆さんの脳の中にある記憶の種類は、この二つだけでしょうか。もちろん、そんなことはありません。もう一つ大切な記憶があります。何かわかりますか。

それは、自転車の乗り方や服の着方など、方法についての記憶です。つまり、ものごとの「手順」や「やり方」についての記憶ですね。

こうしたコツとかノウハウのようなものが脳の記憶だと言われても、ピンと来ない人もいるかもしれません。しかし、最初から自転車に乗れる人はいないことを思い出してください。自転車の乗り方は、生まれてからあとで「習得」したものです。つまり、乗る方法を記憶したというわけです。こうした記憶をここでは「**方法記憶**」と呼びましょう。

知識記憶や経験記憶は「頭で覚える記憶」で、**方法記憶は「体で覚える記憶」**だと言えばわかりやすいでしょうか。もちろん、実際には「体」が覚えているのではなく、「脳」が記憶していることは言うまでもありません。スポーツ選手はしばしば「筋肉が覚えている」という表現を使いますが、これはもちろん比喩にすぎません。筋肉には記憶する仕組みがありませんから。

知識や経験の記憶が「What is」として説明できるのに対して、**方法記憶は「How to」の記憶**だと言えます。つまり、知識や経験の記憶は言葉で他人に伝えることができますが、方法記憶は言葉では説明しにくい、もしくはまったく説明のできないタイプの記憶です。たとえば、実用書や教本などでどんなにスキーの滑り方を勉強しても、実際にやってみなければ滑れるようにはなりませんよね。方法記憶とは実践によって身につくものなのです。

方法記憶には二つの重要な特徴があります。

一つ目は、無意識に作られる記憶であるという点です。スキーの滑り方は何度もやっているうちに自然に身につきます。だからこそ、「体で覚える」と言われるわけです。

二つ目は、方法記憶は忘れにくくて根強いという点です。たとえば、自転車の乗り方やトランプゲームのルールなどは、長年やっていなくても必要なときに自然に思い出すこと

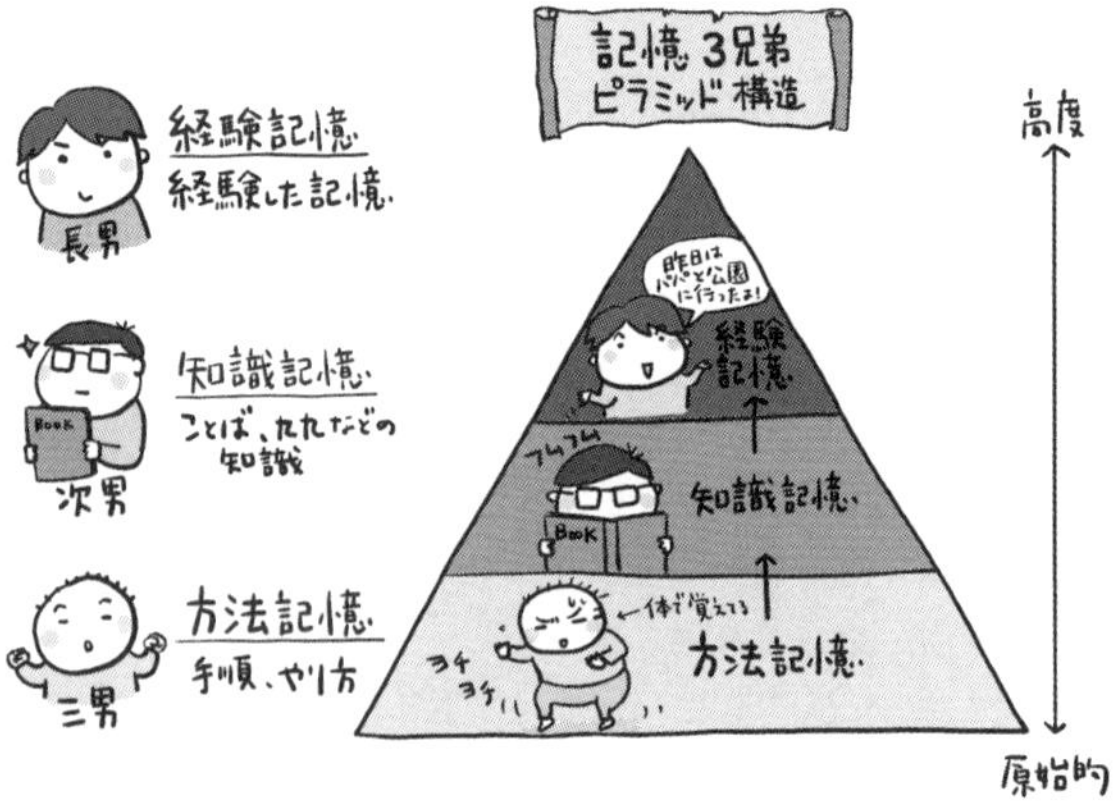

ができるでしょう。逆に、記憶があまりにも強固なために、自己流でスポーツを始めてクセのあるやり方を身につけてしまうと、そのあとで正しいフォームに修正しようとしてもなかなかクセがぬけないといった不具合も起こるくらいです。

さて、これで記憶の三兄弟が全員そろいました。長男の「経験記憶」、次男の「知識記憶」、三男の「方法記憶」です。

この三兄弟の関係性は、平等ではありません。上下関係があります。

図に示したように、一番下の階層には「方法記憶」が、真ん中の階層に「知識記憶」が、上の階層には「経験記憶」が存在します。私はこれを

「記憶三兄弟のピラミッド構造」と呼んでいます。**下の階層ほど原始的で、生命の維持にとってより重要な意味を持っていて、上の階層にいくほど高度に発展した豊かな内容を持った記憶になります。**

このピラミッドは、動物の進化の過程にも当てはまります。進化の上で古い原始的な動物ほど、一番下の方法記憶がよく発達しています。反対に、高等動物ほど上の段の記憶が発達してきます。ヒトは、ほかの動物に比べて、ピラミッドの頂点にある経験記憶の能力が高いことは言うまでもありません。「経験記憶」はヒトにしかないという研究者もいるくらいです。

このピラミッドは、ヒトの成長の過程にも応用することができます。**子どもから大人になるにつれて、もっとも早く発達するのが原始的な方法記憶です。続いて知識記憶が発達してきます。そして、最後に発達するのが経験記憶です。**

皆さんも生まれてから三、四歳のころまでの記憶がほとんどないことに気づくでしょう。それもそのはず、生まれたばかりのころはまだ経験記憶が発達していませんから、自分にまつわるエピソードが記憶に残らないのです。けれども、方法記憶はすぐに発達してきますから、ハイハイやよちよち歩きなどの「体で覚える方法」は身につくのです。もう少し成長して知識記憶が発達すれば、言葉を話すことができるようになります。しかし経験記憶は、成長の過程ではかなり遅れて発達してくるので、幼いころ、いつ何をしたという記憶はあとに残らないのです。

実際に、中学生くらいまでは、どちらかと言えば知識記憶がよく発達している年頃で、その年齢をすぎると、経験記憶が優勢になってきます。

たとえば小学校では、十歳になる前に掛け算表の「九九」を教えますが、これは知識記憶がよく発達しているこの時期を狙って暗記させようという教育方針なのです。このころの子どもは、難しい論理めいたことではなくて、むしろ文字の羅列や絵や音に対して絶大な記憶力を発揮します。小学生がアニメやゲームのキャラクターを丸暗記してしまう能力には、驚くべきものがあります。こうした能力は、第二次性徴期をむかえる中高生のころには衰え、しだいに「経験記憶」重視の脳に変化してゆきます。

5章―⑥ 勉強方法を変えなければいけない時期がある

得意な記憶の種類は、年齢によって変わることがわかりました。

この事実は、学習するときにはその年齢に適した勉強方法をとった方が良いことを意味しています。

たとえば、中学三年間も前半までは知識記憶の能力がまだ高いですから、試験範囲を「丸暗記」してテストを受けるという、ちからわざの作戦でもクリアできたでしょう。けれども、高校受験の勉強に入ったころからは、少しずつ経験記憶が優勢になっていくので、これまでのような無謀な丸暗記作戦では、早晩通用しなくなります。

しかし、自分の脳に起こるこうした重大な変化に気づかずに、いつまでも昔の方法にこだわって同じ勉強方法を続けていると、自分の能力に限界を感じるようになるのです。

また、そういう人に限って、「以前のように覚えられない」と記憶力の低下を嘆くのです。言うまでもありませんが、それは記憶力が落ちたわけではなく、単に得意な記憶の種類が変わっただけにほかなりません。この事実に早く気づかなければ、授業についていけなくなり落ちこぼれてしまう危険性があります。

小学生のころまではよくできたのに、中学・高校生になると学校の成績が急に下がってしまう生徒がいます。それは、自分の能力の変化に対処しなかったことが原因かもしれません。自分の記憶のクセについてよく理解して、それに対応した作戦をとることが大切です。「二十《はたち》過ぎればただの人」とは言われたくないですよね。

逆に、中学・高校生になって急に成績が伸びる人もいます。こうした人は、本人が気づいているかどうかは別としても、自分の能力の変化をいち早く察知して、うまい勉強法を取り入れたのでしょう。だからこそ、劇的な効果が目に見えて現れたのです。

中学後半・高校生になると、丸暗記よりも理論だった経験記憶がよく発達してきます。それは、**ものごとをよく理解してその理屈を覚える**という能力です。当然、勉強方法もそうした作戦に変えていく必要があります。丸暗記はいけません。高校生にもなれば、もはや丸暗記は効果的な学習法とは言えないのです。

年齢によって得意な記憶の種類が違うよ!
中学後半あたりから まる暗記が 苦手になってくるので 要注意!!
方法記憶
知識記憶
経験記憶

仮に、まだ丸暗記ができたとしても、そもそも丸暗記には重大な欠点があります。丸暗記で覚えた知識は応用範囲が限られており、活用できる場面が非常に少ないのです。一方、論理や理屈でものを覚えると、同じ論理が使えるすべてのものごとに活用できます。たとえ、丸暗記と同じ記憶量だったとしても、理論的な記憶の場合は広範な有用性を発揮します。理論の記憶は応用範囲が広いのです。

だから中学生以降は、一刻も早く知識記憶に頼った勉強方法は捨てるべきなのです。「ぐずぐずしていることは、時間を盗まれているに等しい」とは、詩人ヤングの言葉です。いつまでも過去の栄光にすがっていると、将来の悲惨な結末は目に見えていると言って良いでしょう。大人になればなるほど「経験記憶」を意識して勉強しましょう。

5章—⑦ 方法記憶という名の魔法

この本もいよいよ終盤に差し掛かってきました。ここからラストにかけて、「方法記憶」について詳しく説明していきましょう。

方法記憶はとても奥深く、「魔法の記憶」とも言われています。方法記憶をうまく利用すれば、皆さんの勉強のとてつもなく強い味方となってくれるでしょう。

第4章で「学習の転移」について説明しました。ある分野を究めることができると、ほかの分野の理解も簡単になるという現象でしたね。じつは、これは方法記憶による相互関連づけ作用の結果なのです。

どんな分野でも、あるパートを習得するためには、その知識だけでなく、それを「**理解する方法**」を知る必要があります。理解の方法ですから、まさに「方法記憶」です。要するに、ある分野を習得すると、その分野の知識だけではなく、方法記憶までを自然に習得しているのです。そして、この方法記憶が基礎にあるからこそ、ほかの分野の理解を深めることができるわけです。たとえば、野球をマスターした人は、野球のフォームやルール（方法記憶）を習得しているので、それを応用すればソフトボールが楽に習得できるようになるというわけです。

ここで思い出してほしいのは、方法記憶では覚えることも思い出すことも無意識に行われるという事実です。そのため、手順に関わる記憶は自然と上達していきます。実際、知識や情報の記憶は意識して学習しますが、これに付随するものごとの「理解の仕方」は無意識に記憶されています。つまり皆さんの意志にかかわらず、**方法記憶はいつでも勝手に作動している**のです。ですから方法記憶は、皆さんの思いもよらないところで、知らず知らずのうちに絶大な威力を発揮してくれます。

将棋やチェスの名人は、試合のあとで対局中の盤面を完全に再現することができます。それどころか、過去の何十試合分の棋譜でさえ完璧に記憶していると言います。素人から見ると、棋士たちは本当に天才的な記憶力の持ち主であるかのように見えます。

確かに、知識記憶として「7四角、5三歩成、6九銀……」を丸暗記しようとしたら、そうとう骨が折れる作業です。もしかしたら、皆さんの中には次のように反論する人もいるでしょう。棋士は自分で試合をしたのだから、それは「知識記憶」ではなく「経験記憶」だと。確かに、その通りです。しかし、名人は自分の経験に関係のない他人の試合でさえ、試合記録を見ただけでいともたやすく全棋譜を覚えてしまいます。知識記憶だけでこれを行うことは、まさに超人的な記憶力ではないでしょうか。

実際のところ、知識記憶だけでこれを全部覚えることは、小さな子どもならいざ知らず、どんな名人であってもさすがに無理な話です。

つまり名人は、知識記憶や経験記憶だけでなく「方法記憶」を駆使しながら、棋譜を記憶しています。対局中に出現した盤面をパターン化して記憶しているのです。無意識のうちに棋譜を分類・解析して「法則性」を見抜いているというわけですね。

その証拠に、対局していても絶対にありえないようなパターン（たとえば、私のような素人が駒を適当に並べたような盤面）になると、名人ですらまったく記憶することができません。今までの経験でたくわえてきた方法記憶が使えないのです。こうなれば、名人の

驚異的な記憶力ももはや素人同然です。

このように、一見「天才的」と思える能力は、どんな場合でも方法記憶が源になっています。**天才を作るのは方法記憶**なのです。これが「魔法の記憶」と呼ばれる理由です。

数学がよくできる人は、試験中に問題の解き方がヒラメクと言います。しかし、ただの偶然なヒラメキだけでは好成績は維持できません。やはり問題の内容をきちんと理解して、設問パターンを類型化してこそ正しいヒラメキが得られるものです。驚異的な数学の発想力も、その根底には必ず堅実な「方法記憶」が働いています。こうした方法記憶は、どれだけ多くの問題を解き、悩んできたかによってたくわえられます。勉強もせず楽をしてきた人が、あるとき突然ヒラメクなんてことは決してありません。

5章―⑧ ふくらみのある記憶方法

今こうして「記憶」の本を書いている私ですが、何を隠そう「九九」をほとんど覚えていません。これは本当の話です。現在、思い出せるのは「ににんがし」「にさんがろく」「にしがはち」の三つくらいです。「なぜ九九を覚えていないのか」とよく人に聞かれますが、その理由は単純です。単に小学生のころに勉強が嫌いだったからです。もちろん、成績はいつも下の方でした。

しかし、現在の私は九九を覚えていなくても、ほとんど困ることはありません。実際、私は高校時代には塾にも通わず、独学で受験勉強し、現役で東大理Ⅰに合格しました。東大に入学したあとも落ちこぼれることなく、薬学部に一位の成績で進学しましたし、東大の大学院への入試も首席でした。

なぜ、私のような九九すら覚えていない人間が、九九をしっかり覚えている人間よりも優れた試験成績を残すことができたのでしょうか。その秘訣を伝授したいと思います。なぜなら、これは誰にでも可能なことだからです。

その秘訣は、まさに「方法記憶」です。

つまり、私は**「九九」を覚える代わりに、「九九を計算する方法」を習得しているの**です。

たとえば、「6×8」の場合を考えましょう。九九の世界では「6×8」を何と発音するのか私は知りませんが、そんな知識記憶を持ち出すまでもなく、私の場合は、

$$\begin{array}{r} 60 \\ -\ 12 \\ \hline 48 \end{array}$$

と答えが瞬時に出ます。もしくは、

$$\begin{array}{r} 40 \\ +\ \ 8 \\ \hline 48 \end{array}$$

でも良いでしょう。これが、どういうことかわかりますか。

私の頭の中には、数字を「十倍すること」「倍にすること」「半分にすること」という三つの方法だけが入っています。これさえ知っていれば、九九はすべて答えを出すことができます。しかも瞬時に、です。

細かい話ですが、この三つの方法は、「10を掛けること」「2を掛けること」「2で割ること」とはまったく異なります。私は掛け算や割り算はできません。私にできることは、数字を倍にしたり、半分にしたり、数字の後に「0」を付けたり取ったりする単純な作業だけです。

この方法を使えば「6×8」は、

6×8
=6×（10－2）
=6×10－6×2
=60－12
=48

もしくは「8×6」として、

$$
\begin{aligned}
&8 \times 6\\
&= 8 \times (5 + 1)\\
&= 8 \times (10 \div 2 + 1)\\
&= 8 \times 10 \div 2 + 8 \times 1\\
&= 40 + 8\\
&= 48
\end{aligned}
$$

として計算できるわけです。

方法記憶とは、いわばものごとのエッセンスだけを抽出して覚えるようなものです。これを活用すれば、九九で八十一個も暗記する必要はありません。たった三つの法則を覚えるだけで良いのです。それだけで、九九表を使うのと同じくらい速いスピードで正解にたどり着くことができます。「方法記憶」は省エネの記憶方法なのです。

さらに強調しておきたいことがあります。この三つの法則を使えば、「23×16」のような二桁の掛け算も、

$$
\begin{aligned}
&23 \times 16 \\
&= 23 \times (10 + 6) \\
&= 23 \times (10 + 10 \div 2 + 1) \\
&= 23 \times 10 + 23 \times 10 \div 2 + 23 \\
&= 230 + 115 + 23 \\
&= 368
\end{aligned}
$$

と、九九の場合とまったく同じスピードで答えが出ます。九九を丸暗記した人よりも、もしかしたら計算スピードが速いかもしれません。

もう、わかったでしょう。覚えた「九九」、つまり知識記憶はその範囲においてしか役に立ちませんが、**方法記憶を使えば、同じ理論が根底にあるすべての計算に応用できる**のです。

方法記憶はふくらむ記憶です。だから、丸暗記で全部覚えるよりも少ない記憶量ですみます。しかも、忘れにくく強固な記憶です。方法記憶を利用しない人は明らかに損をしていると思います。

たとえば、私は学生時代に、数学や理科の公式をほとんど覚えていませんでした。公式はテスト中に導いていたのです。皆さんから見れば、労力のムダであるように感じるかもしれません。しかし、私にとっては公式を覚える時間があったら、ほかの勉強にその時間を活かしたかったのです。

実際、公式そのもの（知識記憶）よりも公式の導き方（方法記憶）を覚えた方が、その公式を応用する能力が身につきます。なぜなら公式の「原理」を理解しているからです。

一般的に、理屈もわからないまま公式を丸暗記している人は、その公式を使って問題を解くのが下手なようです。それでは、せっかくの知識も宝の持ち腐れですね。どんな知識でも、根底にある理屈を理解して覚えることが大切だと思います。

これは、理数系の科目だけに限りません。社会でも国語でも英語でも同じことが言えます。歴史的な事実や、世界の国々の経済状況、時代背景や人々の考え方などを理解すれば、多くの現象が根底ではつながっていることに気づくはずです。知識の丸暗記はできるだけ減らして、まずはそうした「背景の理論」を理解することへと、徐々に勉強の比重を移してみましょう。

たくさん覚えたこと自体は、何の自慢にもなりません。「記憶した量自体は何の意味も持たない」と心得てください。そんなことで自己満足するくらいなら、むしろ**覚えている知識を「いかに活用するか」という、その応用方法を記憶すること**の方が、その何倍も重要なことなのです。少ない記憶量で大きな効果の出せるような勉強法に切り換えた方が良いと思います。

「天才は方法記憶が作る」と言いましたが、天才たちは、実際には天才でも何でもなく、方法記憶を使って「要領よく記憶している」ように私には見えます。**個々の神経細胞の性能は誰の脳のものであっても差がありません**。もっと言ってしまえば、神経細胞自体の能力は、ヒトでもネズミでも虫でもほとんど差がないのです。要するに、**脳は「使い方」しだい**なのです。すべては**使い方つまり方法記憶**にかかっています。

知識記憶に時間を浪費するのはできる限り避けて、方法記憶にその労力を振り分けてみましょう。きっと自分の秘められた能力に驚くことでしょう。「人のやったことは、人がまだやれることの百分の一にすぎない」（豊田佐吉）のですから。

5章―⑨　なぜ努力の継続が必要なのか

最後に、魔法の記憶「方法記憶」について、もう少し説明をします。なぜ人は天才になれるのかという究極の問題についてです。

まずは、今までこの本で述べてきたことの復習から入りましょう。今、「A」というものごとを覚えたと仮定しましょう。このとき同時に、「A」という知識の「**理解の仕方**」も、皆さんが気づかないうちに脳に保存されました。方法記憶ですね。つまり、Aを覚えただけで、「A」と「Aの覚え方」の二つの情報が習得されたのです。

新たに「B」という知識を覚えようとするときには、先の「A」の方法記憶が無意識のうちに「B」の理解を補助して、より簡単に「B」を記憶できるようになるでしょう。これは「**学習の転移**」と呼ばれる効果でしたね。もちろん、このとき同時に「B」の**方法記憶**も自動保存されています。

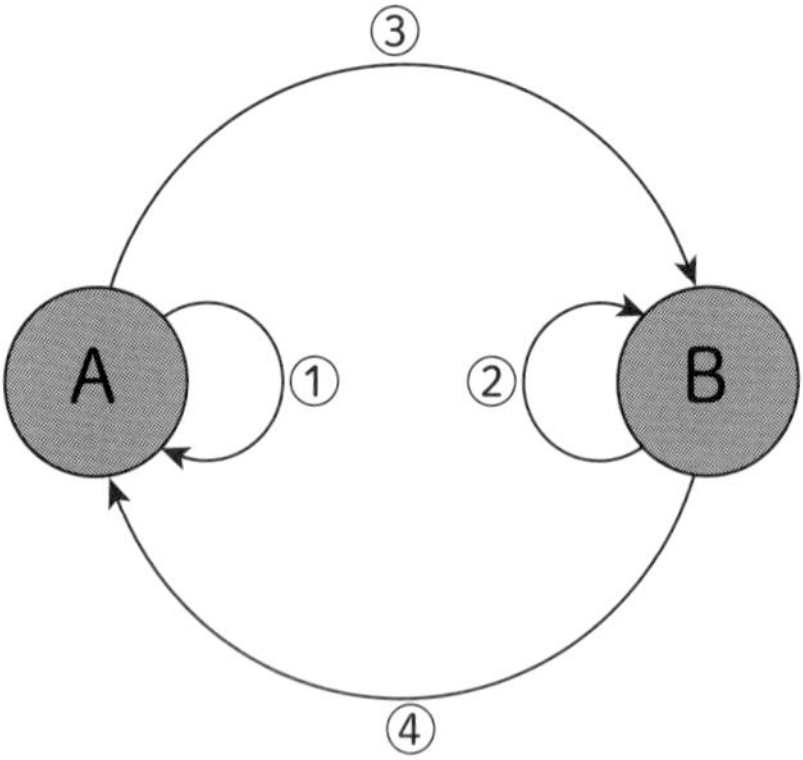

$2^2=4$

これだけでもありがたい効果ですが、脳で起こる現象はそれだけではありません。

じつは、あとから覚えた方の「Bの方法記憶」が、すでに習得した「A」の理解をさらに深めてくれるのです。つまり、「A」と「B」の二つのものごとを覚えると、「A」、「B」、「Aから見たB」、「Bから見たA」というように、「ものごと」と「ものごとの連合」という全部で四つの記憶が生まれるのです。脳に保存された情報はわずか二つであっても、連合効果で四つの記憶が生じたというわけです。二の二乗です。

このようにして、次々に新しいものごとを覚えていくと、その効果は等比級数的に増えていくことがわかります。一般的に、**学習の転移に**

は「べき乗の効果」があることが知られています。つまり、勉強量と成績の関係は、単純な比例関係ではなく、むしろ幾何級数的な急カーブを描いて上昇するというわけです。1、2、4、8、16……のように成績が伸びていくのです。

もう少し詳しく説明しましょう。

たとえば皆さんが今、成績が1のスタート地点にいるとします。そして、勉強の目標成績を1000に定めたとしましょう。

さて、皆さんはこれから猛勉強をしていきます。まず、ある程度勉強してレベルアップすると成績が2になります。さらに猛勉強を続けて、もう一ランク上がると、今度は成績が4になるのでしたね。こうして努力をして続けていくと、成績は8、16、32……となり、累積的な効果が現れてきます。

しかし、ふと振り返ってみると、こんなに努力したにもかかわらず、現在の成績はいまだにたった32でしかありません。目標の1000に比べれば、スタートの成績からほとんど上昇していないに等しい成績です。

おそらく皆さんの多くは、この時点で「なぜこんなに猛勉強をしても成績が上がらない

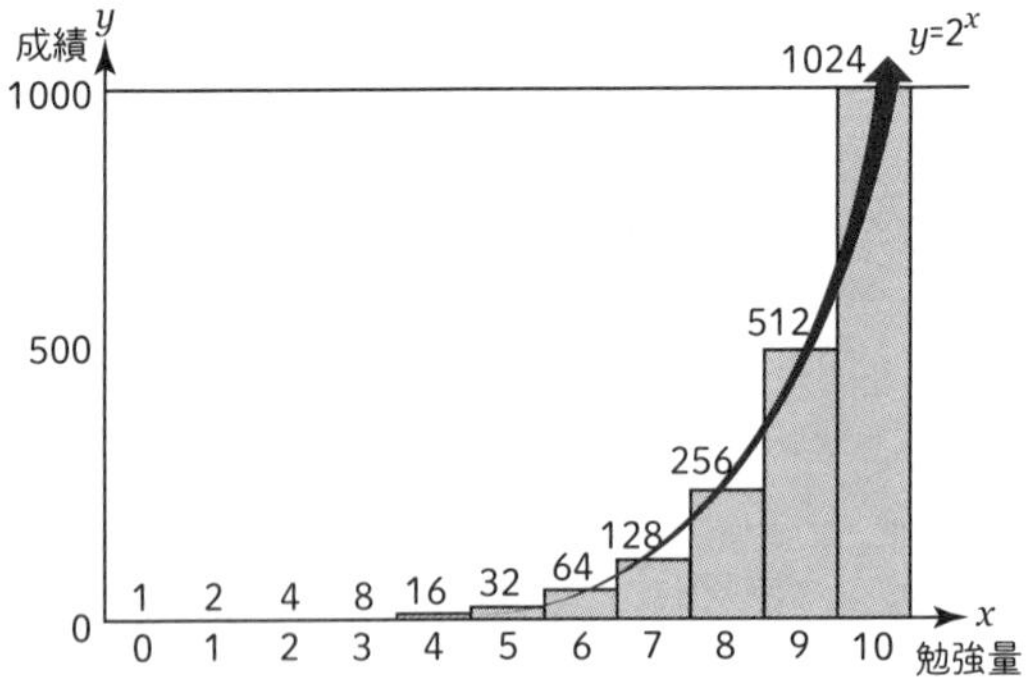

のか」「私には才能がないんだろうか」と真剣に悩んでしまうことでしょう。

そんな状態で1000の成績を持った周囲の人を見ると、「とてもかなわないな」「ああいう人を天才というのだろう」と思うはずです。この時点で自分の才能のなさにガッカリして、勉強を投げ出してしまう人も少なくないでしょう。

しかし、それは才能がないからではありません。なぜなら、忍耐強く勉強を繰り返せばその後、成績は64、128、256、512……とみるみる上昇していくからです。

じつは、ここまで血のにじむような努力をしてはじめて、勉強の効果が目に見えて確認できるようになるのです。これが勉強と成績の関係の本質です。

残念ながら、勉強の成果はすぐには現れません。**能力はあるとき突然爆発するかのように現れる**のです。

実際に、ここまでたどり着けた人であれば、あと一息の努力で成績が１０２４となり、目標の１０００に到達できます。学習レベル５のときには32（＝2^{5}）だったのに、レベル10になれば一気に１０２４（＝2^{10}）にも達するのです。さらに、あと少しの努力をすれば、成績を２０４８に伸ばすことさえも可能ですね。このままのペースで学習レベル20までいけば、2^{20}＝１０４８５７６ですから、なんと一〇〇万を超えてしまいます。

さんざん努力してようやく32までたどり着いた人から見れば、成績一〇〇万に到達した人は大天才のように見えることでしょう。これこそが勉強の相乗効果の実体なのです。

ここから、おもしろい事実が見えてきます。それは、天才同士の差はとても大きいということです。１０２４と２０４８は、2^{10}と2^{11}ですから、ランクとしては一つしか違いませんが、実質上の成績の差は１０００以上離れていますから、かなり大きいということです。きっと天才たちは天才なりの悩みを抱えているのでしょう。

勉強を続けていると、目の前の霧が急に晴れたように視界が開けて、「ああっ、わかった！」と感じる瞬間があるでしょう。ある種の「悟り」に似た心境でしょうか。こうした現象は、まさに勉強と成果の関係が「べき乗」の関係にあることを物語っています。「雲や嵐なしでは、いかなる虹もありえない」という作家ヴィンセントの言葉は、勉学の核心を見事に突いています。血のにじむような努力を続けてこそ報われるのです。

さあ、皆さんもそろそろお気づきでしょう。そうです！**「努力の継続」こそが、もっとも大切な勉学の心得**なのです。なかなか結果が現れないからといって、すぐにあきらめてはいけません。もちろん、周囲の天才たちを見て落ち込む必要もありません。彼らと自分の能力を単純に比べることはほとんど無意味です。努力と成果は比例関係にあるのではなく、等比級数の関係にあるのですから。

自分は自分。今は差があっても、努力を続けていれば必ず成果が現れます。「嵐の前の静けさ」と「唐突な爆発」という成長パターンを示すのが「脳」の性質なのです。たとえ効果が目に見えなくとも、使えば使った分だけ着実に基礎能力はたくわえられています。

現実的な話をすれば、勉強を開始してから効果が現れ始めるまでに、どんなに早くても三ヵ月はかかるでしょう。

たとえば、夏休みを前に意気込みを新たにして、周囲の友人たちが遊んで楽しく過ごしている七、八月に、来る日も来る日も猛勉強を続けたとします。そして、休み明けの九月の実力テスト。本人は「これだけ勉強したのだから、きっと絶大な効果が現れるだろう」と自分の能力に強く期待することでしょう。しかし、実際には、夏休み前とさほど変わらない点数だったということは十分にありえます。おそらく当人はひどく落ち込んでしまうでしょう。やる気をなくしてしまうかもしれません。

しかし、この本ですでに脳の性質を学んだ皆さんなら、むしろ「たった二ヵ月で効果が出る方がおかしい」と感じますね。そして、さらに努力を続けられるはずです。

夏休みの勉強の効果が現れ始めるのは、早くても秋以降だと思ってください。翌年二月に受験を控えている場合には、間に合うか間に合わないかといったギリギリの最終ラインでしょう。

十分な勉強の効果を得たいのならば、やはり最終目標の一年以上前から勉強を始めなければなりません。長期的な計画性が肝心なのは、そのためです。そして、あとはひたむきに努力を積み重ねましょう。すぐに効果が出ないからといってクジけてはいけません。ときに勉強がつらくなったら、「**脳の機能は等比級数である**」という事実を思い出して自分を鼓舞してください。いつかきっと爆発的な効果が現れるのだから、もっと頑張ろう、と。

夢を持ち続けていれば、いつか必ずそれを実現するときがくる。

ゲーテ（ドイツの作家）

体験談⑫：学校で習ったことは大人になると必要ない？

父に、複素数の問題についてたずねたら、まったくできませんでした。母に至っては、微分・積分もできないことがわかった。その上、「足し算と引き算ができれば大丈夫。割り算なんて卒業したあと、使ったことない！」と開き直られました。

実際、数学の知識については、そのレベルの大人が過半数だと思います。先生に聞いたら、大事なのは数学の知識そのものを覚えることより、それを学ぶ過程で論理的な思考力が養われることだと言われました。

ある日、兄が使っていた公務員試験の問題集の推理問題が目に留まりました。数学の問題はどれも基本的でワンパターンだったのですが、この推理問題は簡単ではありませんでした。いっそ数学なんかやめて、推理問題を学校でやったらどうかと思います。数学が嫌いになった人でも、論理的な思考力とやらはウンとつくと思うんですが。（高２・愛知）

著者からのコメント

想像してみてください。本当に推理問題を学校で強制的にやらされたとしたら、やはりウンザリするはずです。たとえば、仮に大好きなゲームでも、学校の授業に組み込まれて毎週テストをやらされたら、おそらく投げ出したくなるでしょう。これはどんな内容のことでも同じだと思います。つまり、数学そのものが問題なのではなくて「強制されていること」が問題なのです。

より現実的に言えば、推理問題ばかりを練習して論理的な思考力を養うくらいなら、数学という二千年以上の歴史にもまれながら完成された美しい体系を通じてその能力を養った方が、長期的に見た場合、圧倒的に効率が良いと思います。たとえ複素数や、微分・積分の解き方を忘れてしまったとしても、です。

皆さんも年を重ねるごとに、これが真実だと気づくと思います。どうしても納得できない人は、今はダマされたと思ってやるしかないでしょう（笑）。大丈夫、損はしませんから。

体験談⑬：参考書選びのポイント

私が参考書を買うときは、図が多いものを選ぶようにしています。それから、テーマや小見出しが大きくてはっきりしていると、頭の中が整理しやすいと思います。改行が多く、余白が十分にあるレイアウトも好きです。

それと内容をよくチェックして、理由や因果関係の説明が何もなく、ただ「ここが出るからここを覚えろ」式のものは買いません。最後に、「はじめに」を読んで、本当にやる気になったら買います。たとえ、別の本よりも百円高くても。（高1・北海道）

著者からのコメント

参考書選びにおいてフィーリングはとても大切です。

人によっては、図が多いという点は重要なポイントになるでしょう。一般に、図は理解を助けるだけでなく、イメージを脳に定着させるのにも役立ちます。文字だけの勉強ではにぶりがちな想像力を助けてくれるからです。

人は左側に見たものをよく覚えられます。おそらく右脳の働きです。反対に、読んだり聞いたりしたものごと、つまり「言葉」に関連したものごとは右耳から入力された左脳の方が覚えられるようです。そうした気配りのある参考書ならなお良いでしょう。

指摘のように、参考書は見出しがしっかりしていることが大切です。系統だった分類がなされている方が、理解が容易になりますし、覚えたあとも見出しのキーワードを通じて思い出しやすく、かつ利用しやすい知識になります。根拠や因果関係を明示しないで、結果だけを示したものは、もはや参考書とは呼べません。要点だけをまとめた本は、試験直前の知識チェックに使うにとどめましょう。

体験談⑭：秘伝の読書法

ある程度の分量の本を読むとき、ポイントだと思ったところに下線を引いたり、マーカーでぬったりする人は多いと思います。私もそうしています。

そしてさらに私の場合、表紙のウラに「P28記憶を作るのは海馬」とか「P158知識記憶から経験記憶へ」などと自分でまとめたポイントを上から並べて書いていきます。本を読み進めて半分くらいまで行くと、少し話が込み入ってきたり、最初のあたりに書いてあったことを忘れかけたりして、それ以上読み進めるのがしんどくなってきます。そういうとき、表紙のウラに書いたことを上からなぞっていくのです。そうすると、話の流れが見えてきて、続きが読めるようになります。

全部読み終わってしばらくしてから、引用したり拾い読みしたりするときにも便利です

よ。一度ぜひ試してみてください。ただし、図書館で借りた本はやめた方が良いと思います。（高2・奈良）

著者からのコメント

これは古くから読書術に活用されている方法ですね。自分で開発したのでしょうか。

本のキーワードを抜き出すのは、脳の中に情報の「地図」を作ることができるので、内容の習得には有効な手法です。これを行うことで、自分が本の内容をきちんと理解できているか、また曖昧なところはないかを確認することもできます。一種の復習法ですね。「読む」というと、てっきり「目」だけの作業だと思い込んでしまいがちですが、「手」を使って出力しながら読書するというのはナイスな発想転換だと思います。

体験談⑮：英単語は語源で覚えた方が良いらしい

「英単語を語源で覚えると定着が良いし、知らない単語も見当がつくので一石二鳥だ」という人がいるけど、私は英単語は理屈じゃなく、片っ端から反射神経で覚える方が性に合っていると思いました。単語集には例文もついているし、おまけに発音確認用の音声までついていますが、ほとんど無視してきました。でも、この勉強法だと、和訳はできるけど英作文はさっぱりです。

たとえば、abandonは「捨てる」と覚えているのだが、「ゴミを捨てる」にabandonを使ったら×にされました。大学に行くと、知らない単語はゴロゴロ出てくるし、英語でレポートを書かされると聞いて、ものすごく落ち込んでいます。やっぱり語源で覚えた方が良いのでしょうか？（高3・秋田）

著者からのコメント

丸暗記で本当に確実に覚えられるようであれば、もちろんそれでも構いませんが、一般的に丸暗記は応用の利かない記憶方法ですから注意してください。それはたくわえられた知識が、脳神経ネットワークの中で有機的なつながりを持っていないからです。さらに丸暗記した知識は、曖昧になりやすくケアレスミスの原因にもなりますし、何よりも忘れるのが早いのが難点です。

実際、英単語はそれ自体ではほとんど意味をなしません。文章や会話で使われてはじめて活きるものです。この点はとても重要です。英作文が苦手だという事実にも、それが現れているようですね。英語は単語だけではなく、文法、つまり「理論」も大切なのです。前後関係や文脈によって単語に意味が与えられます。

「語源」も広い意味で理論です。単語の成り立ちを知っていれば、はじめて出会った単語でもその意味を想像できることが多くあります。この方はすでに豊富な単語力を持っているのですから、今後はそれを活かす努力をすれば良いと思います。すでに脳の中にたくわえられた知識を縦横に関連づけて、豊かな知識に変えていくのです。語源を覚えて、さらに文法も覚えれば、英語を最大の得意科目としてものにすることができるはずです。

体験談⑯：部活と勉強の両立

小学校のころからサッカーが大好きで、高校生になった今はサッカー部に入っています。僕のポジションはディフェンダーです。全国でも有名な強豪校なので、部活はとてもハードです。そのため毎日、帰宅後は疲れきっていて、夜はどうしても眠くて勉強になりません。なかなか予定通りに勉強することができず、困っています。どうしたら勉強と部活を両立するリズムが作れますか？（高１・千葉）

著者からのコメント

朝に早く起きて勉強するのはどうでしょうか。朝は1日のリズムがリセットされますので、多少眠くても頑張って早起きし、洗顔して、明るい光を浴びる。そして軽い運動。5分から10分もすれば脳は覚醒モードになります。そうすれば気持ちよく勉強ができるはずです。いきなりは大変でしょうから、まずはこうした習慣を身につけることから始めましょう。いずれにしても体には無理をさせないことです。でも、睡眠時間はできれば6時間くらいはとりましょうね。

体験談⑰：勉強で疲れたときの対処法

スマホで勉強することが多いです。英単語のアプリだと通学中の電車の中でも覚えられるし、荷物も減るので重宝しています。塾の授業もネットで受けられるし、最近は家でもスマホで勉強しています。すると脳が疲れてしまうのか、頭がぼんやりして、首や肩が凝ってきてしまいます。勉強の疲れを回復するための、良い方法はないですか？（高2・大阪）

著者からのコメント

脳心理学コラム5を読んでいただければわかると思いますが、脳はその仕組み上、疲れないのです。ですから、脳が疲れたと感じる場合のほとんどは、目が疲れているのではないでしょうか。特にスマホの画面は、目にとって負担が大きいでしょう。

目の疲労は、頭、首、肩そして腰などにまで広がっていくので早めに手を打たなければいけません。アメリカの指圧研究所のガク博士によれば、目の疲労回復には、目の内側の窪みを両方の親指で押し上げるように押すのが効果的だそうです。40℃程の温度のタオルなどを使い、まぶたの上から目を15秒間温めるのも良いようです。また、ビタミンB、C類が足りないと目が疲れやすくなるとも言われていますので、栄養のバランスにも気をつけましょうね。

体験談⑱：集中力の高め方

同じ姿勢で根つめてずーっと勉強していると、だんだん頭がボーッとしてきて集中力がなくなります。また、勉強中なのに友達からのメッセージやSNSの更新などが気になってしまいます。気づいたら違うことを考えていたり、スマホを触っていたりすることも。そんなときは思い切って一度勉強を中断し、5分程度のストレッチをします。すると、頭がスッキリしてまた勉強に集中できます。（高3・北海道）

著者からのコメント

勉強中のリフレッシュ法としては、軽く体を動かすことがとても有効なので、ストレッチはとても良い方法だと思います。そのほか、音楽を数分程度、聴くのも良いでしょう。

せっかくですから、ここで効果的な「集中力」の高め方を紹介しましょう。はじめは3分くらいかかるかもしれませんが、慣れれば30秒もあればできるようになります。

まず、目を閉じてください。そして、とがった三角帽子をかぶっていることを想像してください。さらに、手のひらにはテニスボールくらいの大きさの白い玉が乗っていることを想像してください。そして、そのボールを軽く放り投げて、反対の手でキャッチします。それをまた放り投げて、元の手でキャッチします。これを数回繰り返したら、利き手で玉を三角帽子の頂点にそっと乗せてみてください。バランスとって落とさないように。うまく乗りましたか。そしたら、その白い玉を意識しながら、そっと目を開けてください。今あなたの集中力は目前の勉強机に向かっているはずです。慣れたら、お手玉はせずに、いきなり玉を帽子に乗せてもOKです。

脳心理学コラム5：ホムンクルス・アセチルコリン・恋する脳

①ホムンクルス

脳は使えば使うほど性能が高まる不思議な装置です。ですから、ふだんの生活でもできる限り脳を使い続ける方が良いでしょう。

ただし、脳を鍛えると言っても、がむしゃらに使えば良いというわけではありません。もっと効率的に働かせた方が良いですよね。

下の絵を見てください。これは、体の各部分を制御する神経細胞が、脳にどんな割合で存在するかを示した人形で、「ホムンクルス」と呼ばれています。

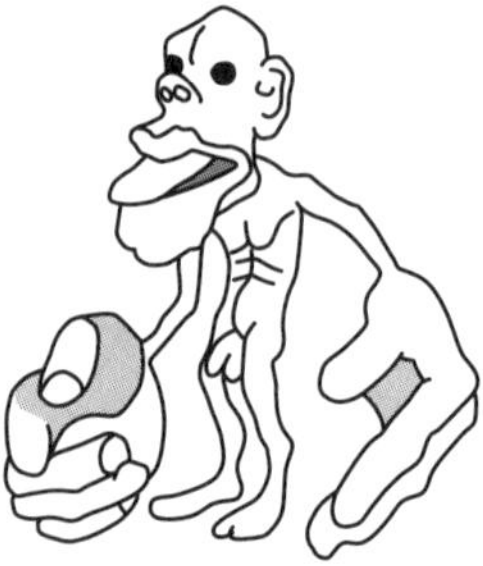

ホムンクルスは、手の指や舌は大きいですが、腕や足や胴体はやせっぽっちのガリガリです。これは、ヒトの脳が、指や舌に対してとても敏感であることを意味しています。実際、ヒトの指先の感受性は、ネコのヒゲの敏感さに匹敵するとさえ言われています。

逆に考えれば、脳を刺激するためには「手の指」や「舌」を使うのが効果的であることが想像できます。特に指先の運動は、ふだんのちょっとした心がけと時間の使い方で十分に可能です。勉強中は目で見て覚えるだけでなく、手を動かし書いて覚えることが肝心なのは言うまでもありませんが、通学途中でも空いた手で指の体操をするとか、趣味として裁縫や楽器やタイピングの練習をするなど、工夫しだいでいつでも脳へ刺激を送ることが可能になるでしょう。

ところで、脳を使いすぎると疲れてしまうのではと心配する人がいるかもしれませんね。じつは、脳は疲れません。もし勉強していて疲れを感じたとしたら、それは脳ではなく目や肩など、体の疲労ではないでしょうか。

なぜなら、脳は昼も夜も休むことなくずっと活動していてもヘコたれない仕組みになっているのです。それもそのはず、脳が休んでしまったら呼吸さえできなくなってしまいますから。

脳はとてもタフなやつなのです。一生働き続けても平気なようにデザインされているのです。ですから、皆さんも遠慮することなく脳をどんどん刺激し続けましょう。

勉強の休憩中、目を閉じて体を休めながら、頭の中では問題を解き続けるということも可能ですよ。

私たちの人生は、私たちが費やした努力だけの価値がある。

モーリアック（作家）

②アセチルコリン

頭が良くなる薬があれば——それは、昔から人類の憧れでした。飲むだけで記憶力がアップする、そんな薬があったらどんなに楽でしょう。

ＤＨＡをはじめとして、脳に効くというさまざまな食品や薬が、古くから考案され、試されてきました。しかし逆に、それほどいろいろあるという事実は、どれも決め手に欠けるということでもあります。皆さんもあまり情報を過信しない方が良いと思います。

一方で、頭の働きを悪くしてしまう薬は、意外なほどたくさんあります。たとえば、脳のアセチルコリンという物質の働きを抑えてしまう薬物です。アセチルコリンはシータ波のもとです。海馬を活性化させて意識をはっきりさせたり、記憶力を高めたりする働きをしています。このぜひとも味方につけたいアセチルコリンの働きを妨げてしまう薬が、皆さんの周りには数多く存在しています。誰でも一度は飲んだことがある「カゼ薬」や「ゲリ止め」や「乗り物の酔い止め」などです。実際に、カゼ薬を飲んで頭がボーッとしたり眠くなったりしたことがあるでしょう。脳のアセチルコリンが抑制された証拠です。ですから、テストのとき、風邪をひいているわけでもないのに「念のために」と、薬を飲むのはやめましょう。悲惨な結果を招いてしまうかもしれません。

もちろん、副作用を気にしすぎて薬を避け、病気が悪化してしまっては本末転倒です。どんな薬にも副作用はありますが、むやみに恐れるのではなく、副作用について正しく理解して、薬を服用することが大切です。

テスト前に、どうしてもカゼ薬やゲリ止めを飲まなくてはならなくなったときは、脳のアセチルコリンを阻害する成分が含まれていない薬を選びましょう。そうすれば、安心してテストを受けられますね。

薬局の薬剤師に「この薬には脳のアセチルコリンを抑

制してしまう成分が含まれていますか？」と聞けば、親切に教えてくれるはずです。

　ちなみに、アセチルコリンの働きを邪魔する成分として有名なものに、「スコポラミン」や「ジフェンヒドラミン」などがあります。手持ちの薬の成分欄をチェックしてみてください。

記憶力を高める
アセチルコリンを
邪魔する成分は
入ってないかな？
じっ
成分
スコポラミン
ジフェンヒドラミン

③恋する脳

「恋人ができたとたんに学校の成績が落ちた友人がいます。それは恋愛をしたせいですか？」

成績と恋愛の関係についての質問は、非常に多く寄せられます。皆さんは、なぜ「恋愛」などという感情が脳に備わっているのか、考えたことはありますか。

恋愛とはある特定の人に特別な愛情を感じて恋い慕うことです。恋愛をすると、その人以外は目に入らなくなります。世界には約78億人もの人がいるにもかかわらず、です。当然、その78億人すべてに出会うことは不可能です。つまり、人は皆、ある程度満足のいく相手で我慢しなければならない運命にあるのです。この理不尽な状況を見事に解決してくれるものこそが「恋愛感情」です。「自分にはこの人以外考えられない」と脳に勘違いさせることで、満足感を補うのです。

「恋愛感情」はA10と前頭葉の連係プレーによって生み出されるようです。この連携プレーが生じると脳が恋愛対象で占拠されるようになります。好きな人以外のものが脳から排除されるのです。当然、学校の勉強のことも排除されます。ドイツの詩人ローガウは、「恋が入ってくると、知恵が出ていく」と詠っています。恋愛とは相手以外のことを考えなくてすむように脳が仕組んだ見事な仕掛けなのです。

ですから、恋愛して成績が落ちたとしても、脳研究的にみれば不自然なことではありません。もちろん、恋人と同じ大学に通いたいために励まし合って猛勉強をして、難関校に見事合格したなどという微笑ましい例もありますから、すべてのケースについて恋愛は勉学にとって悪影響だとは断言できませんが。

おわりに

この本を最後まで読んできた人ならば、脳を知ることで効率的な勉強法を見つけ出すことができると実感したと思います。「ああ、こうすれば良かったのか！」と感じた人もいると思いますし、自分の体験上、良いと感じていた勉強方法に科学的な裏づけがあることを知って「今までの方法は間違っていなかった」と自信を深めた人もいるかもしれません。反対に、「目新しいことは何も書いてなかった」とガッカリした人もいるかもしれません。それでも良いのです。いずれにしても、この本を通じて何かを感じとってもらえたのならば、私としては大成功です。そして、この本のおしまいに、私から最後のメッセージを皆さんに送ります。

高校生の皆さんは、毎日が勉強の繰り返しであることと思います。勉強そのものが生活の中心であると言って過言ではないでしょう。そんなときふと疑問に思うことはありませんか。

「こんな勉強が将来何の役に立つのだろうか」と。

古文の文法や微分積分法など覚えたところで、自分の人生においてどれほどの意味があるのでしょうか。こう疑問に感じてしまっても不思議ではありません。実際に、私自身も日常生活において連立方程式すら使ったことがありません。連立方程式など知らなくてもふつうに暮らしていけます。

世の中には受験という制度があるから、勉強しなければならないのは仕方がないと思っている人も多いかもしれません。大学には人数制限がありますから、何らかの基準で生徒を区別しなければなりません。そのための判断基準の一つとして、テストの成績を指標に使っている。だから、勉強は避けて通ることはできない、と。確かに、学校の勉強にそうした側面があるのは否めません。

さらに言えば、受験問題ではあえて、非日常的な問題を出すことで、その人の適応力を測定しているという見方もできます。大人になって社会に出れば理不尽なことや納得できないことに出くわすことはよくあります。残念ながら世間は公平ではありませんし、古びた慣習や既得権益など、自分ではどうにもならない壁も少なくありません。そんな壁にぶつかったときには、壁を除去したり回避したりすることを試みるよりも、壁に柔軟に対応して困難をしのぐ、正面突破の姿勢が人生の力となってくれることがしばしばあります。

受験もそんな壁の一つです。つまり受験は、理不尽な課題を通じて、その人の順応力や柔軟性を測っていると言えるのです。「連立方程式なんて何の役に立つのか」と疑問に思う気持ちはよくわかりますが、何の役に立つのかわからないからこそ、課題として突きつけて生徒の反応を見ているわけです。なぜなら、理不尽であればあるほど適応力をうまく測定できるからです。言い方を変えれば、「この程度の理不尽さくらい乗り越えられなければダメだよ」という試金石として、受験に価値があるわけです。

しかし、それだけでしょうか。

この本を読んだ皆さんなら、こうした考え方がいかに視野の狭い浅薄な意見かを説明することができるでしょう。そうです！　学校の勉強で学ぶものは「知識記憶」だけではないのです。勉強をするということは「方法記憶」も同時に習得しているのです。

方法記憶は、天才的な能力を作り上げる魔法の記憶です。すべてのものごとの見通しを良くして、総合的な理解力、判断力、応用力を高めることのできる記憶です。

確かに、学校で習う知識記憶は、社会に出てから役に立たないものの方が多いかもしれません。しかし、そのときに学んだ方法記憶は、皆さんの今後の人生のさまざまな局面で大きな助けになることでしょう。社会、家庭、娯楽、仕事、人間関係、こうした多様な側面を持った自分の人生を、より豊かにする湧泉こそ方法記憶なのです。

もちろん、方法記憶は学校の勉強以外によっても習得できます。しかし、皆さんにはあまり実感がないかもしれませんが、小学生から高校生にいたる一連の学校のカリキュラムは非常にうまく計画されています。こうした学習スケジュールは、一朝一夕にできたものではありません。教育文化の長い歴史にもまれ、じっくりと練られてできあがってきたものなのです。ですから、方法記憶に関しても、ゲームや遊びを通して習得するよりも学校の勉強を通して学んだ方がはるかに効率良く習得できます。

自転車の乗り方を覚えるときに、何度も何度も繰り返し練習することが必要だったことを思い出してもらえればわかるように、方法記憶の習得の過程で絶対に欠かせないものは「繰り返す努力」と「めげない根気」です。その代わり努力と根気を持ってことに臨めば、能力は「べき乗」の関数で伸びてゆきます。こうした効果は誰の脳にでも約束されています。優秀な人にだけ起こることではありません。

そもそも、できる人とできない人の差は、勉強をするときのちょっとした意欲の差なのです。皆さんもより上のレベルを目指すのであれば、劣等感やうぬぼれを排除し、今の自分の姿をしっかりと見据えて、自分が何をすべきなのかをはっきりと把握してください。特に、勉強に関しては、きちんと努力すれば裏切られることは決してありません。賭けごととは違うのです。成果が約束されているのです。勉強すればするほど、それが事実であると実感するでしょう。

私は、学生時代に多くの時間を勉強に割いてきたつもりです。しかし、現在の私はそれでも「あのとき、もっともっと勉強しておくのだった」と後悔することも多いです。本書を読んだ大人の皆さんは、思い当たる節があるのではないでしょうか。学生の皆さんは、将来私のように後悔しないよう、勉強に励んでほしいと思います。

学習は勉強する時間の長さが重要なのではありません。大切なことは勉強の仕方です。効率良く勉強して成果を上げ、余った時間はほかのことに使いましょう。遊び、趣味、自己研鑽、何でもいいです。うまく時間を使って、今の時期の皆さんにしかできない、彩りのある学生生活を送ってほしいと切に願っています。

ランプがまだ燃えているうちに、人生を楽しみたまえ、しぼまないうちにバラの花を摘みたまえ。

（スイスの詩人ウステリ）

最新脳研究が教える
16歳からの勉強法

発行日● 2022年3月1日　初版発行
　　　● 2024年4月30日　第2版発行

著　者●池谷裕二
発行者●永瀬昭幸

発行所●株式会社ナガセ
〒180-0003　東京都武蔵野市吉祥寺南町1-29-2
出版事業部（東進ブックス）
TEL：0422-70-7456　FAX：0422-70-7457
www.toshin.com/books（東進WEB書店）
（本書を含む東進ブックスの最新情報は，東進WEB書店をご覧下さい）

編集担当●和久田希

編集協力●柏木恵未
原稿編集●高橋みか
イラスト● hime
カバー・表紙デザイン●畠山和人
印刷・製本●中央精版印刷株式会社

ISBN：978-4-89085-895-8　C7237

合格の秘訣1

全国屈指の実力講師陣

東進の実力講師陣 数多くのベストセラー参考書を執筆!!

東進ハイスクール・東進衛星予備校では、そうそうたる講師陣が君を熱く指導する!

本気で実力をつけたいと思うなら、やはり根本から理解させてくれる一流講師の授業を受けることが大切です。東進の講師は、日本全国から選りすぐられた大学受験のプロフェッショナル。何万人もの受験生を志望校合格へ導いてきたエキスパート達です。

英語

雑誌『TIME』やベストセラーの翻訳も手掛け、英語界でその名を馳せる実力講師。

宮崎 尊先生［英語］

爆笑と感動の世界へようこそ。「スーパー速読法」で難解な長文も速読即解!

渡辺 勝彦先生［英語］

100万人を魅了した予備校界のカリスマ。抱腹絶倒の名講義を見逃すな!

今井 宏先生［英語］

本物の英語力をとことん楽しく!日本の英語教育をリードするMr.4Skills.

安河内 哲也先生［英語］

関西の実力講師が、全国の東進生に「わかる」感動を伝授。

慎 一之先生［英語］

全世界の上位5%(PassA)に輝く、世界基準のスーパー実力講師!

武藤 一也先生［英語］

いつのまにか英語を得意科目にしてしまう、情熱あふれる絶品授業!

大岩 秀樹先生［英語］

数学

明快かつ緻密な講義が、君の「自立した数学力」を養成する!

寺田 英智先生［数学］

「ワカル」を「デキル」に変える新しい数学は、君の思考力を刺激し、数学のイメージを覆す!

松田 聡平先生［数学］

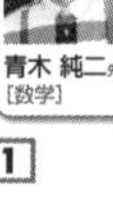

論理力と思考力を鍛え、問題解決力を養成。多数の東大合格者を輩出!

青木 純二先生［数学］

数学を本質から理解し、あらゆる問題に対応できる力を与える珠玉の名講義!

志田 晶先生［数学］

国語

ビジュアル解説で古文を簡単明快に解き明かす実力講師。
富井 健二先生
［古文］

東大・難関大志望者から絶大なる信頼を得る本質の指導を追究。
栗原 隆先生
［古文］

明快な構造板書と豊富な具体例で必ず君を納得させる！「本物」を伝える現代文の新鋭。
西原 剛先生
［現代文］

「脱・字面読み」トレーニングで、「読む力」を根本から改革する！
輿水 淳一先生
［現代文］

文章で自分を表現できれば、受験も人生も成功できますよ。「笑顔と努力」で合格を！
石関 直子先生
［小論文］

小論文、総合型、学校推薦型選抜のスペシャリストが、君の学問センスを磨き、執筆プロセスを直伝！
正司 光範先生
［小論文］

幅広い教養と明解な具体例を駆使した緩急自在の講義。漢文が身近になる！
寺師 貴憲先生
［漢文］

縦横無尽な知識に裏打ちされた立体的な授業に、グングン引き込まれる！
三羽 邦美先生
［古文・漢文］

理科

「いきもの」をこよなく愛する心が君の探究心を引き出す！生物の達人。
飯田 高明先生
［生物］

「なぜ」をとことん追究し「規則性」「法則性」が見えてくる大人気の授業！
立脇 香奈先生
［化学］

化学現象を疑い化学全体を見通す"伝説の講義"は東大理三合格者も絶賛。
鎌田 真彰先生
［化学］

正しい道具の使い方で、難問が驚くほどシンプルに見えてくる！
宮内 舞子先生
［物理］

地歴公民

世界史を「暗記」科目だなんて言わせない。正しく理解すれば必ず伸びることを一緒に体感しよう。
加藤 和樹先生
［世界史］

"受験世界史に荒巻あり"と言われる超実力人気講師！世界史の醍醐味を。
荒巻 豊志先生
［世界史］

つねに生徒と同じ目線に立って、入試問題に対する的確な思考法を教えてくれる。
井之上 勇先生
［日本史］

歴史の本質に迫る授業と、入試頻出の「表解板書」で圧倒的な信頼を得る！
金谷 俊一郎先生
［日本史］

「今」を知ることは「未来」の扉を開くこと。受験に留まらず、目標を高く、そして強く持て！
執行 康弘先生
［公民］

政治と経済のメカニズムを論理的に解明しながら、入試頻出ポイントを明確に示す。
清水 雅博先生
［公民］

わかりやすい図解と統計の説明に定評。
山岡 信幸先生
［地理］

どんな複雑な歴史も難問も、シンプルな解説で本質から徹底理解できる。
清水 裕子先生
［世界史］

※書籍画像は2024年3月末時点のものです。

WEBで体験
東進ドットコムで授業を体験できます！
実力講師陣の詳しい紹介や、各教科の学習アドバイスも読めます。
www.toshin.com/teacher/

合格の秘訣2 ココが違う 東進の指導

01 人にしかできない やる気を引き出す指導

夢と志は志望校合格への原動力！

東進では、将来を考えるイベントを毎月実施しています。夢・志は大学受験のその先を見据える、学習のモチベーションとなります。仲間とワクワクしながら将来の夢・志を考え、さらに志を言葉で表現していく機会を提供します。

夢・志を育む指導

受験は団体戦！ 仲間と努力を楽しめる

東進ではチームミーティングを実施しています。週に1度学習の進捗報告や将来の夢・目標について語り合う場です。一人じゃないから楽しく頑張れます。

チーム制

一人ひとりを大切に 君を個別にサポート

東進が持つ豊富なデータに基づき君だけの合格設計図をともに考えます。熱誠指導でどんな時でも君のやる気を引き出します。

担任指導

現役合格者の声

東京大学 文科一類
中村 誠雄くん
東京都 私立 駒場東邦高校卒

林修先生の現代文記述・論述トレーニングは非常に良質で、大いに受講する価値があると感じました。また、担任指導やチームミーティングは心の支えでした。現状を共有でき、話せる相手がいることは、東進ならではで、受験という本来孤独な闘いにおける強みだと思います。

02 人間には不可能なことをＡＩが可能に

学力×志望校 一人ひとりに最適な演習をＡＩが提案！

東進のＡＩ演習講座は２０１７年から開講していて、のべ１００万人以上の卒業生の、２００億題にもおよぶ学習履歴や成績、合否等のビッグデータと、各大学入試を徹底的に分析した結果等の教務情報をもとに年々その精度が上がっています。２０２４年には全学年にＡＩ演習講座が開講します。

ＡＩ演習

AI演習講座ラインアップ

高3生 苦手克服＆得点力を徹底強化！

「志望校別単元ジャンル演習講座」
「第一志望校対策演習講座」
「最難関4大学特別演習講座」

高2生 大学入試の定石を身につける！

「個人別定石問題演習講座」

高1生 素早く、深く基礎を理解！

「個人別基礎定着問題演習講座」 2024年夏 新規開講

現役合格者の声

千葉大学 医学部医学科
寺嶋 伶旺くん
千葉県立 船橋高校卒

高1の春に入学しました。野球部と両立しながら早くから勉強をする習慣がついていたことは僕が合格した要因の一つです。「志望校別単元ジャンル演習講座」は、ＡＩが僕の苦手を分析して、最適な問題演習セットを提示してくれるため、集中的に弱点を克服することができました。

合格の秘訣 3

東進模試

申込受付中

※お問い合わせ先は付録7ページをご覧ください。

学力を伸ばす模試

本番を想定した「厳正実施」
統一実施日の「厳正実施」で、実際の入試と同じレベル・形式・試験範囲の「本番レベル」模試。
相対評価に加え、絶対評価で学力の伸びを具体的な点数で把握できます。

12大学のべ42回の「大学別模試」の実施
予備校界随一のラインアップで志望校に特化した"学力の精密検査"として活用できます(同日・直近日体験受験を含む)。

単元・ジャンル別の学力分析
対策すべき単元・ジャンルを一覧で明示。学習の優先順位がつけられます。

最短中5日で成績表返却 WEBでは最短中3日で成績を確認できます。※マーク型の模試のみ

合格指導解説授業 模試受験後に合格指導解説授業を実施。重要ポイントが手に取るようにわかります。

2024年度

東進模試 ラインアップ

共通テスト対策

- 共通テスト本番レベル模試 …… 全4回
- 全国統一高校生テスト〈全学年統一部門〉〈高2生部門〉〈高1生部門〉 …… 全2回

同日体験受験

- 共通テスト同日体験受験 …… 全1回

記述・難関大対策

- 早慶上理・難関国公立大模試 …… 全5回
- 全国有名国公私大模試 …… 全5回
- 医学部82大学判定テスト …… 全2回

基礎学力チェック

- 高校レベル記述模試〈高2〉〈高1〉 …… 全2回
- 大学合格基礎力判定テスト …… 全4回
- 全国統一中学生テスト〈全学年統一部門〉〈中2生部門〉〈中1生部門〉 …… 全2回
- 中学学力判定テスト〈中2生〉〈中1生〉 …… 全4回

大学別対策

- 東大本番レベル模試 …… 全4回
- 高2東大本番レベル模試 …… 全4回
- 京大本番レベル模試 …… 全4回
- 北大本番レベル模試 …… 全2回
- 東北大本番レベル模試 …… 全2回
- 名大本番レベル模試 …… 全3回
- 阪大本番レベル模試 …… 全3回
- 九大本番レベル模試 …… 全3回
- 東工大本番レベル模試〈第1回〉／東京科学大本番レベル模試〈第2回〉 …… 全2回
- 一橋大本番レベル模試 …… 全2回
- 神戸大本番レベル模試 …… 全2回
- 千葉大本番レベル模試 …… 全1回
- 広島大本番レベル模試 …… 全1回

同日体験受験

- 東大入試同日体験受験 …… 全1回
- 東北大入試同日体験受験 …… 全1回
- 名大入試同日体験受験 …… 全1回

直近日体験受験 …… 各1回

- 京大入試直近日体験受験
- 北大入試直近日体験受験
- 阪大入試直近日体験受験
- 九大入試直近日体験受験
- 東京科学大入試直近日体験受験
- 一橋大入試直近日体験受験

※2024年度に実施予定の模試は、今後の状況により変更する場合があります。
最新の情報はホームページでご確認ください。

2024年 東進現役合格実績
受験を突破する力は未来を切り拓く力!

東大現役合格実績日本一[※1] 6年連続800名超!

現役生のみ! 講習生を含ます!

※1 2023年東大現役合格実績をホームページ・パンフレット・チラシ等で公表している予備校の中で最大(2023年JDnet調べ)。

東大834名

文科一類 118名　理科一類 300名
文科二類 115名　理科二類 121名
文科三類 113名　理科三類 42名
学校推薦型選抜 25名

現役合格者の36.5%が東進生!

全現役合格者に占める東進生の割合

2024年の東大全体の現役合格者は2,284名。東進の現役合格者は834名。東進生の占有率は36.5%。現役合格者の2.8人に1人が東進生です。

学校推薦型選抜も東進!

東大25名

学校推薦型選抜 現役合格者の27.7%が東進生! 27.7%

法学部 4名　工学部 8名
経済学部 1名　理学部 4名
文学部 1名　薬学部 2名
教育学部 1名　医学部医学科 1名
教養学部 3名

京大493名 昨対+21名

総合人間学部 23名
文学部 37名
教育学部 10名
法学部 56名
経済学部 49名
理学部 52名
医学部医学科 28名
医学部人間健康科学科 20名
薬学部 14名
工学部 161名
農学部 43名
特色入試(上記に含む) 24名

早慶5,980名 昨対+239名

早稲田大 3,582名 史上最高!
政治経済学部 472名
法学部 354名
商学部 297名
文化構想学部 276名
理工3学部 752名
他 1,431名

慶應義塾大 2,398名 史上最高!
法学部 290名
経済学部 368名
商学部 487名
理工学部 576名
医学部 39名
他 638名

医学部医学科1,800名 昨対+9名

国公立医・医 1,033名 防衛医科大学校を含む
私立医・医 767名 史上最高!

国公立医・医1,033名 防衛医科大学校を含む

東京大 43名　名古屋大 28名　筑波大 21名　横浜市立大 14名　神戸大 30名
京都大 28名　大阪大 23名　千葉大 25名　浜松医科大 19名　その他
北海道大 18名　九州大 23名　東京医科歯科大 21名　大阪公立大 12名　国公立医・医 700名
東北大 28名

私立医・医 767名 昨対+40名 史上最高!

自治医科大 32名　慶應義塾大 39名　東京慈恵会医科大 30名　関西医科大 49名　その他
国際医療福祉大 80名　順天堂大 52名　日本医科大 42名　私立医・医 443名

旧七帝大+東工大 一橋大 神戸大 4,599名

東京大 834名　東北大 389名　九州大 487名　一橋大 219名
京都大 493名　名古屋大 379名　東京工業大 219名　神戸大 483名
北海道大 450名　大阪大 646名

上理明青立法中21,018名

上智大 1,605名　青山学院大 2,154名　法政大 3,833名
東京理科大 2,892名　立教大 2,730名　中央大 2,855名
明治大 4,949名

国公立大16,320名

※2 史上最高…東進のこれまでの実績の中で最大。

国公立 総合・学校推薦型選抜も東進!

旧七帝大434名
+東工大・一橋大・神戸大

国公立医・医 319名

東京大 25名　大阪大 57名
京都大 24名　九州大 38名
北海道大 24名　東京工業大 30名
東北大 119名　一橋大 10名
名古屋大 65名　神戸大 42名

国公立大学の総合型・学校推薦型選抜の合格実績は、指定校推薦を除く、早稲田塾を含まない東進ハイスクール・東進衛星予備校の現役生のみの合同実績です。

ウェブサイトでもっと詳しく 東進 検索

関関同立13,491名

関西学院大 3,139名　同志社大 3,099名　立命館大 4,477名
関西大 2,776名

日東駒専9,582名

日本大 3,560名　東洋大 3,575名　駒澤大 1,070名　専修大 1,377名

産近甲龍6,085名

京都産業大 614名　近畿大 3,686名　甲南大 669名　龍谷大 1,116名

2024年3月31日締切

各大学の合格実績は、東進ネットワーク(東進ハイスクール、東進衛星予備校、早稲田塾)の現役生のみ、高3時在籍者のみの合同実績です。一人で複数合格した場合は、それぞれの合格者数に計上しています。

※2024年4月現在